文部科学省後援

秘書検定3級

よく出る問題！ 集中レッスン

クロスポイント代表
山田敏世

To pass the secretary certificate examination,
this reference book was specially edited.

はじめに

センスを磨いて３級合格を！

秘書検定は、社会人としてもっておきたい知識や常識が試される試験です。私はこれまで秘書検定の講座で学生たちに指導し、また多くの秘書検定試験の本を手がけてきました。その経験から言えば、秘書検定試験の合格に必要な力は、「人間関係の機微や常識を仕事や日常生活のなかで応用できるセンス」だと考えています。

もちろん知識を覚えることは大切ですが、その知識を適切に実践することができるのはセンスがあってこそです。秘書検定試験が単なる暗記だけで合格できないのは、そのセンスを問う問題が多いからなのです。

本書は、知識とともに秘書に必要なセンスを身につけるために、次のような工夫をしています。

特徴１ 覚える知識を簡潔に解説。効率的に学習できる

本文では項目ごとにチェックするべき知識をできるだけ簡潔な表現で説明しています。試験にたびたび登場する箇所には「よく出る！」マークをつけるなど、必要な知識を効率よく学習できるようにしました。

特徴２ 出題頻度を３段階で表示。よく出る項目がすぐわかる

過去問題を調査して、各項目の出題率を徹底分析しました。そうして得られた結果から、出題率の高さを３段階に分けて表示しました。よく出題される項目がすぐにわかり、

重点的に学習することができます。

しかし、出題率が低い項目も決して軽視してはいけません。しばらく出題されてこなかった分野からひょいと出題されることがあります。それに出題率が低くても秘書や社会人にとっては身につけておくべき大切な事柄ですので、出題頻度に関係なく、一つひとつの項目を確実に消化してください。

特徴3 事例問題「こんなときどうする？」で応用力アップ

本書は必要な知識を簡潔な言葉で説明していますが、知識の習得だけでは試験に合格できないことは冒頭で説明したとおりです。

そこで、過去問題を分析した事例問題「こんなときどうする？」を本文の重要な知識の後ろに盛り込みました。「この知識はこんな問題を解くときに役立つ」という応用のしかたがわかります。

解答の後の解説にもしっかりと目を通してください。正解と不正解を判別するポイントがわかりやすく書かれています。問題文と解説をセットで読むことで、知識を正しく応用することができるようになります。

特徴4「よく出る確認テスト」で理解力を確かめる

各項目の最後にある「よく出る確認テスト」は、過去問題の分析をもとに、出る傾向の高い設問を選び出したものです。◯×式なので「どれか一つ選べばいいや」というあいまいな理解力は通用しません。答え合わせをした後は、解説を読んでさらに理解を深めましょう。

特徴5「おさらいテスト」で実戦に慣れる

本書をしっかりマスターすれば、３級の試験には間違いなく合格できます。

でも、実戦形式の試験が少なくて不安だという人のために、分野ごとに「おさらいテスト」を設けています。PART4、PART5では記述式の問題も取り上げていますので、総合力を試すのにはもってこいです。

特徴6 赤シートで用語や敬語、接遇表現を暗記できる

用語や敬語、接遇表現を暗記するなら、赤シートによる勉強が有効です。また、問題の解答部分を赤シートで隠すことができるので、うっかり解答を見てしまうということもありません。試験の直前に苦手な用語や問題をチェックするときにも、赤シートが役立ちます。

いかがですか？　本書の特徴を知ることで、本書をより有効に活用することができるでしょう。さらには本書を通して、前向きな姿勢、相手の気持ちを思いやった行動、接遇表現などの大切さを理解し、実践していただけたらこれほどうれしいことはありません。

合格は最終目標ではありません。合格を手にすることで、あなたはいっそうはっきりと自分自身の夢や目標を描くことができるようになるはずです。そして、次なるステップに向かって歩き出すことになるでしょう。ご健闘を心からお祈りしています。

山田　敏世

秘書３級よく出る問題！ 集中レッスン

もくじ　Contents

理論編　必要とされる資質　Part 1

理論編 職務知識 Part2

理論編 一般知識 Part3

実技編 マナー・接遇 Part4

実技編 技能 Part5

本文デザイン：ファクトリー・ウォーター
本文イラスト：ファクトリー・ウォーター／ヤマダデザインスタジオ
編集協力：パケット／松原葉子

秘書検定３級

合格をめざして

秘書検定３級ってどんな試験？

秘書検定３級は、秘書をめざす人はもちろんのこと、社会人としての知識やマナーを身につけることができますから、職業や年齢を問わず人気があります。特に大学生をはじめ、高校生、短大生、専門学校生といった学生が受験者の大半を占めています。性別ではほとんどが女性ですが、近頃は男性も増えているようです。

合格率はだいたい60～70％の間で、ときには60％に届かない回もあります。比較的簡単な試験といえますが、油断は禁物です。

試験にはどんな科目があるの？

秘書検定３級の試験内容は次のようなものです。

区分	分野・傾向		出題形式・出題数	
理論	Ⅰ必要とされる資質	考え方を問う	選択問題	5問
	Ⅱ職務知識	考え方を問う	選択問題	5問
	Ⅲ一般知識	知識を問う	選択問題	3問
実技	Ⅳマナー・接遇	知識・表現を問う	選択問題	10問
			記述問題	2問
	Ⅴ技能	知識を問う	選択問題	8問
			記述問題	2問

どうすれば合格できるの？

試験は理論編と実技編に区分されており、それぞれの区分で60％以上正解すれば合格となります。

理論

Ⅰ　必要とされる資質
Ⅱ　職務知識
Ⅲ　一般知識

→ **60%以上正解**

実技

Ⅳ　マナー・接遇
Ⅴ　技能

→ **60%以上正解**

もしも、どちらかの区分の正解率が 60%に満たなければ、たとえもう一つの区分の正解率が60%以上であっても不合格となります。たとえば、理論編の正解率が70%だとしても、実技編の正解率が50%なら不合格となります。

どのように学習をしていけばいいの？

秘書検定試験を大きくとらえてみると、「【理論】で身につけた考え方を【実技】で応用する」という流れになっていることがわかります。つまり、【理論】という土台がしっかりしていないと、【実技】を習得するのに時間がかかってしまいます。なるべく効率的に学習を進めるには、次のことを頭に入れたうえで学習計画を立てることが大切です。

●まずは「必要とされる資質」「職務知識」 ➡ 問題を何度も解く

理論編の「必要とされる資質」「職務知識」では、秘書としての物事の考え方や判断力が問われるので、暗記は不向きです。対策は、何度も問題を解くことです。くり返し問題を解くことで、問題の正否を判断するポイントがつかめるようになります。

●次に「一般知識」「マナー・接遇」「技能」 ➡ 知識を覚える

理論編の「一般知識」、実技編の「マナー・接遇」「技能」では、秘書として必要な知識が問われます。対策としては、知識や用語の暗記なのですが、むやみに暗記するのは非効率です。「必要とされる資質と職務知識の考え方が元になってこのマナーができた」と、理論編で学んだ内容にそって考えていくと覚えやすいでしょう。

●最初に戻って「必要とされる資質」を十分理解する

理論編の「必要とされる資質」は、秘書のあらゆる行動のベースとなるメンタリティーや考え方を習得する分野です。「必要とされる資質」を十分理解していれば、他の分野の問題がずっと解きやすくなります。

勉強を始めた当初、「必要とされる資質」は内容が抽象的だと感じられるかもしれません。そんなときは、わからないままでよいので次の分野、次の分野へと学習を進めていきましょう。そして「技能」までひと通り勉強したら、再び「必要とされる資質」に戻ってみてください。知識が増えて視野が広がった分、理解度が増しているのがわかるはずです。

本書を柱にした

学習プランの立て方

前節で学習のしかたについて説明しましたが、それに基づいて本書を柱にした学習プランを立ててみましょう。

本書がおすすめする学習プラン

1日30分程度勉強するとして、試験日の3カ月前から勉強を始めるプランです。もっと勉強時間がとれる人は、スタート時期を遅くしてもいいでしょう。

1回目の学習プラン例

1回目
期間
約1カ月半

- 各Partごとに1日2～3項目のペースで読み進める。単に通読するのではなく、赤シートを使って用語を覚えるなど、内容を印象づけるように読むことが大切。
- 本書のPartの最後にあるおさらいテストと、市販されている過去問題をひと通り解く。2回目を効率よく進めるために、わからなかったところ、重要と思われる箇所にはチェックを入れておく。

1週目 Ⅰ 必要とされる資質	本書 1日2～3項目 3日	Partの最後の おさらいテスト 1日	過去問題 1日3回分 2日
2週目 Ⅱ 職務知識	本書 1日2～3項目 3日	Partの最後の おさらいテスト 1日	過去問題 1日3回分 2日
3週目 Ⅲ 一般知識	本書 1日2～3項目 3日	Partの最後の おさらいテスト 1日	過去問題 1日3回分 2日
4・5週目 Ⅳ マナー・接遇	本書 1日2～3項目 6日	Partの最後の おさらいテスト 2日	過去問題 1日3回分 4日
6・7週目 Ⅴ 技能	本書 1日2～3項目 6日	Partの最後の おさらいテスト 2日	過去問題 1日3回分 4日

学習プランの基本方針

●本書を「3回」くり返して読む

本書の内容をひと通り読んで、問題もひと通り解きます。これを3回くり返す学習プランを立てます。

学校の授業や仕事の合間をぬって勉強する方にとっては、1日の勉強時間できる時間は限られています。そういった方は、毎日の細切れの時間（通勤・通学の時間、昼食後の休憩時間など）を使ってコツコツと続けることが大切です。

●過去問題集を併用する

試験対策は本書だけでも十分ですが、より確実に合格をめざすなら過去の出題傾向がわかる過去問題集を併用することをおすすめします。

2回目
期間
約1カ月

- 1回目でチェックしたところを重点的に読む。
- 理論編の3教科はそれぞれ1日で、実技編の2教科はそれぞれ2日で通読。
- おさらいテストと過去問題のペースは1回目と同じ程度に。

3回目
期間
約10日

- 赤シートの用語に目を通し、理解度を確認する。
- 苦手な分野を中心におさらいをする。

例 ･本書と過去問題集で、チェックがついているところを復習する。
･本書の「よく出る!」マークのついてる箇所、事例問題「こんなときどうする?」「よく出る確認テスト」を復習する。

試験直前
期間
約1週間

- 頻出度の高い項目(★★★)に目を通す。
- 頻出度が中程度(★★)のレベルの項目では、「よく出る!」マークの箇所に目を通す。
- ほぼ毎回出題される敬語･接遇表現を最終チェックする。

覚えておこう！

試験問題解き方のコツ

秘書検定では、暗記しておけば解ける問題以外に、たとえば緊急時などの状況で秘書がどう判断しどう行動すべきかを答えさせる問題が出題されます。こういった問題は慎重かつ理詰めで解くことで、正解にたどり着けることがよくあります。

ここでは「選択式問題」と「記述式問題」にわけて、得点に結びつけるための解き方のコツを紹介しましょう。

選択式問題対策

◆まずは問題文をチェック！

まずは問題文をしっかりチェックします。

❶ポイントにアンダーラインを引く！

問題文の中に、重要な判断ポイントが書かれていることがあります。特に、長い問題文には注意してください。問題文を読みながら、ポイントと思われる文章や単語にアンダーラインを引いていきます。

❷最後まで読む！

問題文の最後に、正しい内容＝“適当”を選ぶ問題か、間違った内容＝“不適当”を選ぶかが書いてあります。問題文を最後まで読んでどちらを選ぶ問題かをしっかり確認しましょう。これは意外と勘違いしやすいので、「適当」の文字に○をつける、「不適当」の文字に×をつけてから、選択肢へと読み進めるとケアレスミスが防げます。

◆選択肢はこうして絞り込む！

選択肢から正解を絞り込むために、次の点に気をつけましょう。

❶明らかに「正解ではない」選択肢には×印をつける。

選択肢の中には常識的に考えて間違いだ、というものがあります。そういった明らかに間違いだとわかるものには×をつけておきます。

❷まぎらわしい単語や表現に注意！

理解力を試すために、あえてまぎらわしい単語や表現を使う「ひっかけ問題」には注意しましょう。過去問題をくり返し解いて慣れておくとよいでしょう。

◆正解を１つに絞り込めないときは！？

正解と思えるものが２つ以上残ってしまったらどうすればいいでしょうか。

❶迷う選択肢を読み比べる。

判断に迷う選択肢を読み比べて、それぞれの判断ポイントとなる部分を抜き出します。その部分がどう違うかを考えて、正解に近いと思うほうを選びます。

❷他の分野の知識も総動員する。

実際の試験問題では、いくつかの分野にまたがった複合的な判断力を問われます。問題文や選択肢に、他の分野の知識や考え方の判断ポイントがないかチェックしましょう。

解答の手順例 次の問題を、前ページのコツを押さえながら解いてみましょう。

●問題文をチェック

❶問題文中の重要ポイントと思われるところにアンダーラインを引きます。

❷“適当”“不適当”のどちらを選ぶのかを問題文の最後で確認。この問題は“適当”を選ぶのだ、ということをしっかり頭に入れます。

例題

秘書Aの上司が体調を崩して入院した。入院したことを一切口外しないようにと会社から言われている。このようなときに、上司の友人が来訪した。上司に頼みたいことがあるという。このような場合、Aはどのように対応したらよいか。次の中から適当と思われるものを選べ。

❶ 会社の関係者ではないので、「口外しないでほしい」と頼んで、入院先を教えて直接行ってもらう。

❷ 用件を尋ねて急ぎであれば、「入院中なので、こちらで用件を伝えて後日返事をさせてもらいたい」と言う。

❸ 入院のことには触れず、「上司は数日留守にしているので、上司から連絡するようにする」と言って連絡先を尋ねておく。

❹ 上司の友人といっても会社に訪ねてきたのであれば会社への用事かもしれないので、総務課に案内する。

❺ 上司の友人ということなので、入院中と話して「来訪のあったことを伝えておく」と言って帰ってもらう。

（「職務知識」の問題より）

●選択肢を絞り込む

❶次に選択肢を見てみましょう。❹の上司に頼みたいことがあるという友人を総務課に案内するのは常識的に考えておかしいでしょう。まず、❹に×をつけます。

❷ここで迷う人がいるでしょう。友人なら入院したことを話してもよい気がします。

❸問題文に戻ってみましょう。アンダーラインを引いてあるところを見ると、「一切口外しない」ことを会社から命じられていることがわかります。つまり、ここで求められているのは「上司の入院」は機密になっていることで、秘書は誰であっても伝えてはならないのです。つまり、❶❷❺は正解にはならないのです。

❹❸は機密も保持できているし、友人の連絡先を聞くことで上司へ取り次ぐこともできます。つまり、❸が正解といえます。

記述式問題対策

記述式問題では、とにかく空白を埋めることが大切です。十分な時間をもって取り組みましょう。解答を書くときは、次の点に注意します。

❶文脈が通って、わかりやすい文章になっているか。

❷誤字・脱字はないか。

❸秘書にふさわしい、ていねいな文章か。

秘書検定３級　受験ガイド

■秘書検定受験の基礎データ

受験資格	なし。誰でも受験できます。
試験の開催	毎年６月、11 月、２月に行われます。
受験料	3,800 円（３級）

■受験の申し込みから合格発表までの流れ

❶試験の申し込み

●申し込み期間　試験日の約２カ月前から受付を開始、１カ月前に締め切られます。

郵送申し込みまたは書店申し込みの場合

●願書の入手

・願書つきの秘書検定案内は、全国の特約書店・大学の生協に置いてあります。
・電話・はがき・インターネットで実務技能検定協会へ願書を請求します。

公益財団法人　実務技能検定協会
〒 169-0075 東京都新宿区高田馬場 1-4-15
TEL：03-3200-6675　https://jitsumu-kentei.jp/

●申し込み

・書店に申し込む……願書に受験料を添えて特約書店・大学の生協で申し込みをします。その後、切手を貼って願書を個人で郵送します（郵送を忘れると受験料を支払っていても受験できないので注意！）。
・郵送で申し込む……願書と受験料を現金書留にして、検定協会へ送付します。

ホームページからの申し込みの場合

財団法人実務検定協会の秘書検定申込みの画面で、必要な情報を入力します。申し込みを確認した後、クレジットカードもしくは指定されたコンビニエンスストアで受験料を支払います。

❷受験票の交付

申し込み手続きをすると、試験実施日の２週間ほど前までに受験票が届きます。

❸検定試験

●試験時間 110分（３級）　**●試験方法**　筆記試験（マークシート式問題と記述式問題）

❹合否の通知

●試験日から約１カ月後に各受験者に通知されます。
●希望者には「合格証」と「合格証明書」が発行されます。

＊ 2021 年３月からコンピュータを使用した試験（CBT 試験）を受験できるようになりました（２級･３級のみ）。資格のレベルや認定については従来の検定試験と同じです。自分に都合のよい日程を選んで受験ができ、合否結果も試験後すぐにわかります。詳しくは実務技能検定協会のホームページで確認してください。
＊試験の最新の情報は実務技能検定協会のホームページで随時更新されています。特に試験の日程と申し込み期間、受験料は変更される場合があるので、受験前には必ずチェックしてください。

Part1
理論編

必要とされる資質

試験の形式

選択式問題 **5問出題** ➡ 目標正答数は **4問**

試験問題の傾向

- 時間管理・マナーを守るなど、社会人としての常識や考え方が問われます。
- 秘書の資質とは、「誠実さ」「秘密を守ることができる」「明るさ」といった言葉に要約することができます。本書でもこれらのキーワードが何度も出てきますから、それらを覚えておけば、選択肢が絞り込みやすくなりますし、他領域の問題も解きやすくなります。
- 秘書は「上司を補佐する」のが原則ですが、それだけでは判断できない状況が発生する場合があります。たとえば、会社全体の影響を考えた行動・判断・優先順位の決定などができるかどうかが問われます。

試験対策と勉強法

- 常識・考え方・人間性をみられる分野なので、日常生活や仕事のなかで実際に考え、実践して理解することが大切です。
- いろいろなケースから判断しなければならないので、さまざまな問題をくり返し解いて感覚をつかみましょう。特に本書のおさらいテストや過去問題を何度も解くことをおすすめします。

出題ランク★☆☆

1 社会人としての良識

秘書である以前にもっておきたいのが「社会人としての良識」です。この分野から直接出題されることはありませんが、この良識をもとに判断すれば正解に至る問題がこの領域以外でもたくさんあります。

自己管理をする

仕事をする社会人は、自分で自分の管理ができなければなりません。なかでも「時間・健康・感情・金銭」をしっかり管理します。

時間管理	●「自分の会社で過ごす時間に対して会社はお金を払っている」という意識をもつ。 ●仕事は所要時間を決めて、効率よく進める。空き時間を有効に使うことも大切。 ●手帳を活用してスケジュール管理につとめる。
健康管理	●仕事を急に休んで迷惑をかけないように注意する。日頃からベストコンディションを保つように意識する。 ●ストレスをためない工夫をする。自分なりの解消法を工夫する。 ●生活のリズムをつくり、適度な食事・運動・睡眠を心がける。
感情管理	●組織の中では、苦手な人であっても相手に合わせてコミュニケーションをとる。 ●「申し訳ありません」「ありがとうございます」が素直に口に出るように。
金銭管理	●会社で扱うお金は自分のものではないことを意識する。 ●「ムダにしたコピーにもお金がかかっている」など、常にコストを意識する。

気配りをする・社会人としてのルールを守る

気配りを忘れずに社会人としてのルールを守ることが、周囲との良好な関係を保ちます。

連絡を怠らない

- 約束の時間に遅れそうなときは、前もって電話で連絡する。
- 休むとき、会社への戻りが遅くなるときなどは、直属の上司に直接連絡する。

お礼・謝罪・あいさつを忘れずに

- 名前を呼ばれたら、顔を体を相手のほうに向けて「はい」と返事をする。
- 職場や自宅近隣では、あいさつを心がける。
- 自分のミスで周囲に迷惑をかけてしまったときは、言い訳をせずに率直にわびる。
- 手伝ってもらったり親切を受けたりしたときは、素直に礼を言う。

★★★ よく出る! 確認テスト

check! □□□

次は、秘書Aが早退時にする行動や気配りについて考えたことである。適当なものには○、不適当なものには×をつけなさい。

❶早退時、机の上に「早退しました」とメモを置いておくとよい。

❷職場のほかの人は仕事中なので、できるだけ目立たないように職場を出るのがよい。

❸早退のために自分の代わりに後輩に仕事をお願いする場合は、その後輩の上司の了解を得ればよい。

❹急な理由で早退するときは、上司に報告するのがよい。

❺仕事のつながりのある他部署の秘書に、わざわざ早退を知らせなくてもよい。

解答・解説

❶ ○ 早退後に、用事があって自分の机に来る人がいるかもしれない。こう考えてメモを残しておくのは適当である。

❷ × 退社時は、周りに知らせるためにも職場の人にあいさつをして出ていくほうがよい。

❸ × 自分の代わりに後輩に仕事をお願いする場合は、自分の上司に伝えて了承を得なければならない。後輩の上司の了解を得るのは、後輩が行うことである。

❹ ○ 理由がなんであれ、上司には早退する旨を話して了承を得ること。

❺ × 仕事のつながりがある部署には、仕事時間内に早退してしまうことを前もって伝えたほうが適当である。

出題ランク★★★

2 補佐役としての心がけ

試験では、上司の補佐役としての立場を認識し、それに応じた行動や対応をしているかが問われます。解答に迷ったら、次の２点をまずチェックします。
①上司の指示を優先させているか。
②秘書本来の仕事を心得ているか（上司の補佐役に徹しているか）。

秘書の役割と心がけ

秘書の役割は、上司が業務に専念でき、成果をあげることができるように**補佐**をすることです。直接脚光を浴びることはありませんが、上司の補佐を通じて**間接的に**企業の業績に貢献しているという意識をもつことが大切です。

心がけ１　上司の指示を優先する

上司の指示で緊急の仕事を依頼されたときなどは、時間外に私用があっても仕事を優先させます。

こんなときどうする?

よく出る!

直属の上司以外の人から緊急の仕事を依頼されたら？

●直属の上司に頼んで断ってもらう。
➡ ✕ まずは上司の仕事も上司以外の仕事も指定の時間内に終わらせられるかどうかを検討する。できないと判断したら上司を通して断る。
●後輩や同僚に手伝ってもらう。➡ ○ 上司に了解をもらったうえで依頼する。

心がけ２　上司をわずらわせない

毎日の定型業務、雑務、指示された仕事の処理方法などは、上司をわずらわせずに秘書自身が考えて行います。ただし、自己流に解釈するのではなく、あくまでも**上司の意向**に沿った方法で処理します。

心がけ３　上司を理解する

上司を補佐するために、上司のことをできるだけ理解しておく必要があります。

◆上司について知っておきたいこと

- 仕事内容（地位、職務内容、所属組織、活動分野、人脈）
- 対外活動（福祉、スポーツなどの各種団体や委員会への所属の有無）
- 経歴（学歴、出身）
- 家族構成・交友関係
- 健康状態
- 性格・趣味・信条
- 仕事のしかた・食べ物の好み・人柄の好み

心がけ４　人間関係の橋渡し役になる

社内外での上司の人間関係の橋渡し役をします。上司とお客様、上司と他の社員との人間関係が円滑に保てるように心がけます。また、秘書自身も同僚、先輩、後輩などとの人間関係を良好に保ち、職場環境をよい状態にしておきます。

こんなときどうする?

上司の会議中に取引先のＡ氏がアポなしで来社。緊急な用件で取り次いでくれと言われたら？

よく出る!

- 会議中であることを伝えて、後日のアポイントメントをとる。
  ➡ ✕ 緊急の用件なのだから、この対応はいけない。
- 上司にメモで知らせて指示を仰ぐ。 ➡ ○ 事前に「会議中は取り次がないように」といった指示が特になければ、これが正しい対応！

心がけ５　秘書の立場をわきまえる

上司の補佐役としての謙虚な姿勢を忘れないようにします。

- 上司に指示するような言い方をしない。
- 上司の指示や了承がない仕事はしない。ただし、日々の定型業務は、上司の指示や了承がなくても進んで行う。

心がけ６　機密を保持する

秘書は、仕事でさまざまな機密事項や上司の秘密に接する機会がありますが、どんなことであれ外部に漏らしてはいけません。プライベートの会話であっても、うわさ話などの輪にはあまり加わらないようにします。ただし、機密を守るために社内外の人との交友関係を狭めるようなことはしないように注意します。

こんなときどうする?

社内の人から機密事項を教えてと頼まれたら？

- 「教えられないことになっています」と言って断る。
  ➡ ✕ 立場を越えた表現なので✕。
- 「知る立場にありません」「知る機会がないのでよくわかりません」と言って断る。
  ➡ ○ 知っていたとしてもこのような無難な言い方で断る。

★★★ よく出る! 確認テスト

check! □□□

次は、秘書Aが最近行ったことである。適当なものには○、不適当なものには×をつけなさい。

❶訪問客からお菓子をいただいたとき、上司にそのことを報告し、お茶の時間に職場で配ってもよいかどうかの指示を仰いだ。

❷前の上司は出勤後にコーヒーを飲んでいたので、新しい上司にも出勤後の飲み物にはコーヒーを出している。

❸秘書は、上司からの指示があれば、私的な仕事であっても引き受ける。

❹お昼頃、上司が「ちょっと出かけてくる」と言ったので、「2時からの会議に遅れないでください」と言った。

❺仕事で銀行に出かけるときに、上司が忙しく仕事をしていたので断らずに外出し、後で報告した。

解答・解説

❶ × お菓子をいただいたことを上司に報告するのはよい。次に上司がいただいたものとしてどのようにしたらいいか上司から指示を受けるのが正しい。「配ってよいか」というのは自分で判断をしているため不適当。

❷ × 前の上司のときの慣例で仕事を行ってはいけない。上司が代われば、新しい上司の仕事のやり方や好みに合わせて秘書業務を行うことが大切。

❸ ○ 秘書は、上司の私的なことでも補佐をする必要がある。

❹ × 「遅れないでください」は、指示や注意をするような言い方なので不適当。この場合、「2時から会議が入っております」と予定を伝えて注意を促すような言い方が適当である。

❺ × 上司が忙しくしていても、断るのはひと言で済む。行動を上司や周囲に告げてから席をあけること。

★★★
よく出る! 確認テスト

check! □□□

次の、営業部長秘書Ａの行動について、適当なものには○、不適当なものには×をつけなさい。

❶他部署の同僚から、営業部の人事予定について聞かれた。同僚の信頼を失いたくなかったので、「誰にも言わないと約束するなら教える」と言った。

❷他部署の同僚からよく昼食に誘われるが、上司の仕事の内容を聞かれると困るので、断るようにしている。

❸営業部のＣ氏が異動になると同僚から聞いた。部長秘書の自分が知らないのは恥ずかしいことなので、詳しく教えてほしいと同僚に頼んだ。

❹人事の公示前、他部署の同僚が「営業部のＭさんは今度異動かもしれないって本当？」と聞いてきた。そのことについて知っていたが、「よく知らないわ」と言った

❺課長が、「明日に行われる同業種のテニス会のメンバーは誰か」と聞いてきた。部長も参加していてメンバーも知っているが、「よく知らない」と答えた。

解答・解説

❶ × どんなに親しい間柄であろうと、仕事上の機密事項は決して話してはいけない。「知る立場にないから」と言って断る。

❷ × 上司の仕事の内容を聞かれるからといって、昼食の誘いを断るのは、交友関係を狭めることになるので不適当である。

❸ × 自分が知らされていないのは、まだ知らなくてよいことだからである。機密事項を自分から聞き出す行為も慎むべきである。

❹ ○ 人事予定などは、立場上決して人に話してはいけない。よく知らないことにして答えないのが適当。

❺ × テニス会は同業の交流を兼ねたもので、課長は仕事上の関係でメンバーを聞いてきたのだろう。特に課長に隠す必要はなく、教えないのは不適当である。

出題ランク ★★☆

3 身だしなみ・立ち居振るまい

身だしなみのポイントは「清潔感、調和、機能的」です。問題を解くときにも、この3点に注目しましょう。特に、周りとの調和がとれているかどうかがよく問われます。

オフィスでの秘書の身だしなみ

秘書は、外からの来客と初めに接する機会が多い仕事です。それだけに、秘書の印象は会社全体の印象にもつながります。感じのよさをもたれるように、身だしなみや立ち居振るまいに気をつけます。

オフィスでの身だしなみ

◆服装の選び方

- 清潔感があり、活動的、機能的なものを選ぶ。
- 職場の雰囲気や他の社員とずれないような調和を重視する。

例 スーツ、ブラウスとスカート、ブラウスとパンツ

◆髪

- 小さくまとめることが基本。

×お辞儀をしたときに前に下がるような髪型は避ける。

◆靴

- 動きやすく安定感のある中ヒールがベスト。色は黒か茶色が基本。または服装とのバランスを考えて、落ち着いた色を選ぶ。

◆化粧

- 明るく健康的なナチュラルメーク。

×ノーメークは好ましくない。

×マニキュアは、濃い色は避ける。

◆アクセサリー

- 時計は身につける。
- アクセサリーは控えめにつける。

×派手なもの、仕事の邪魔になるものは避ける。

こんなときどうする?

- ヒールの細いもの、高いヒールは？

➡ ✕ 動きにくく仕事には不向き。

- 動きやすいローファーなどかかとのない靴は？

➡ ✕ カジュアルすぎるので、一般的に避ける。

言葉遣いと立ち居振るまい

「取引の 50％は応対にかかっている」と言われるほどですから、目上の人や社外の人と接する機会が多い秘書の第一印象はとても大切です。ていねいな言葉遣い、明るくきびきびとした立ち居振るまいを心がけます。

よく出る! 確認テスト

check! □□□

次は、秘書Aが身だしなみについて考えたり行動したりしていることである。適当なものには○、不適当なものには×をつけなさい。

❶秘書には、洋服や持ち物にさりげなく流行を取り入れるおしゃれのセンスがあったほうがいいのではないか。

❷柄のある生地のスーツは、調和がとれていれば着てもよいのではないか。

❸服は、客からみても他の社員と区別がつくように華やかなものを選ぶのがよいのではないか。

❹出社したら、足がきれいに見えるようにハイヒールに履き替えている。

❺同僚Bの部署では、秘書はカジュアルな服装が通例だという。しかし、「秘書はスーツが基本」で、スーツを着るべきではないか。

解答・解説

❶ ○ 秘書には、服装にさりげなく流行を取り入れるおしゃれのセンスがあったほうがいい。ただし、派手すぎるのは禁物。ビジネスをわきまえた範囲内で。

❷ ○ 周りとの調和がとれていれば、柄のスーツを着てもよい。

❸ × 他の社員と区別がつくようにする必要はない。むしろ周りから浮いてしまうような服装は避ける。

❹ × ハイヒールは動きにくく、機能的ではない。動きやすく安定感のある中ヒールが適当。

❺ × 秘書が着る服に絶対的な基準はなく、あくまでも周りとの調和を心がける。業種や会社ごとに定着した服装があるなら、それに合わせたほうがよい。

出題ランク ★★☆

4 秘書に求められる5つの能力

秘書に求められる能力のうち、特に大切なのが、①判断力、②表現力、③記憶力、④行動力、⑤洞察力の5つです。これらの言葉自体は出題されませんが、この能力を使って、どのようにさまざまな状況に対応するかが問われます。

判断力

状況に応じて臨機応変に適切な判断を下す能力が求められます。判断の大前提になるのは「**上司が何を求めているか**（上司にとって何が一番重要か）」です。判断に迷ったら、まずこの大前提に戻って考えましょう。

秘書の能力として大切なのは？

●何事も主観的に判断できる。➡ ✕ 物事の判断には客観性が必要である。主観的に判断すると自分勝手な判断になる危険もある。
●時間をかけて熟慮したうえで判断する。➡ ✕ 判断には機敏さも求められる。
●予定外の事態には常識に反した判断も必要。➡ ✕常識は判断の基準になるもの。予定外の事態には幅広い常識を使って対処することが求められる。

表現力

表現力とは、情報を文書・言葉・表情・態度によって適切に伝える能力のことです。次のような能力が求められます。

適切な表現力とは？

- 伝言を正確に相手に伝える。
- 人間関係を円滑にする温かみのある対応ができる。
- 複雑な内容を的確に説明する。
- 正しい敬語・接遇用語を使いこなすことができる。
- 指示された文書を正確に作成できる。

記憶力

「秘書は上司の記憶力」とも言われます。上司は秘書の記憶を頼りに業務にあたることもありますから、手帳などを活用して正確に記憶しておくことが大切です。記憶力には限界があることを自覚し、「記憶」に頼らず「記録」することを心がけます。

行動力

行動力とは、指示された仕事を要領よくスピーディーに処理する能力のことです。

こんなときどうする?

いろいろな仕事がたまってきたときは？

●頼まれた順にしたがって仕事を進める。➡ ✕ 緊急度の高い仕事を突然頼まれることもある。緊急度にしたがって仕事を進めること。

●時間内に仕事が終わらない場合は同僚や後輩の力を借りるときもある。

➡ ○ その場合は、上司に許可をとることが必要。日頃から同僚や後輩とのコミュニケーションをとって、協力体制を整えておくことが大切。

洞察力

仕事の流れから「上司が何を求めているか」を察して、次の仕事を予測することができる能力のことです。たとえば、取引先との面会の予定がある場合、それまでの仕事の経過がわかっていれば、用意すべき資料を察知して事前に用意できるケースもあります。ただし、自分の判断だけで行動を起こす、独断専行に陥らないように注意します。

こんなときどうする?

よく出る!

こんなときどう対処すべき？

●ある悪い知らせを受けたので、上司の機嫌のいいときに伝えよう。➡ ✕ 悪い知らせは、迅速に対応するために、上司の機嫌に関わらず真っ先に知らせるべき。

●上司のせきが続くようだったら、すぐに水と薬を持っていくといいかもしれない。

➡ ✕ 洞察力があるのではなく、単なるでしゃばり。「白《さ》湯《ゆ》をお持ちしましょうか」などとまずは尋ねる。

出題ランク★★☆

5 指示されたことを実行する

前節で説明した5つの能力を使って、上司に指示されたことを実行します。指示されたことを実行するには、①指示を正確に受ける、②期限内に確実に実行する、③結果をきちんと報告する、の3点が重要です。

「指示を正確に受ける」ときの心がまえ

上司の指示を正確に受けるには、次の順番と心がまえが必要です。

1. 上司に呼ばれたら、すぐに返事をして立ち上がり、メモとペンを持って上司のところへ向かう。

↓

2. 指示は、要点をメモしながら最後まで聞く。質問があっても、なるべく途中で口をはさまない。きりのよいところで質問をするか、指示が終わった後でまとめて質問をする。

メモのポイント……5W3Hを押さえる

- When（いつなのか／いつまでか？）
- Where（どこで？）
- Who（誰が／誰に？）
- What（何をするのか？）
- Why（なぜ／何のために？）
- How（どのような方法で？）
- How much（いくらの経費で？）
- How many（数量や人数は？）

↓

3. 指示が終わったら、メモの内容を復唱し、内容を確認する。

注意点1 指示されたことが2つ以上ある場合、優先順位がわからなければ上司に確認する。

注意点2 指示された仕事とは別の仕事を抱えているときは、その状況を報告して、どうすればよいかの指示を仰ぐ。

「期限内に確実に実行する」ときの心がまえ

指示内容は自分勝手に解釈せず、上司の指示に忠実にしたがうことが大切です。

こんなときどうする?

よく出る!

●指示された期限内に終わらせられないと思ったので、上司に報告して新たな指示を仰ぐ。
➡ ○ 指示通りにできないとわかった時点で、上司に報告する機敏さが必要。
●期限が守れそうになかったが、クオリティを重視してじっくり取り組んだ。
➡ × 仕事の期限は必ず守らなければならない。期限が守れないとわかった時点で、上司に報告して指示を仰ぐ。

「実行した結果を報告する」ときの心がまえ

指示された業務が終了したら、指示を出した上司にその結果を直接報告します。（報告のポイントについては、Part4 の「4 報告のしかた」（P.96）を参照のこと）

★★★
よく出る!
確認テスト

check!
□□□

次は、秘書Aが上司に指示された仕事で最近行ったことである。適当なものには○、不適当なものには×をつけなさい。

❶上司から複数の仕事を指示されたので、自分の得意な仕事から処理した。
❷仕事が期限通りに終わりそうになかったので、家に持ち帰って仕上げた。
❸指示された仕事の処理方法がわからないので、先輩にアドバイスをもらった。
❹指示された仕事の優先順位がわからなかったので、先輩に聞いた。

解答・解説

❶ × 複数の仕事を任されたときは、すぐにできる仕事、急ぎの仕事、重要度の高い仕事を判断し、優先順位をつけて実行する。優先順位がわからなければ、上司に確認する。

❷ × 仕事を家に持ち帰ると、紛失したりすることがあるので不適当。期限通りに終わらないときは、早く出勤したり、残業したりして間に合わせるようにしてみる。

❸ ○ 指示された仕事の処理方法がわからないとき、経験のある先輩のアドバイスを受けるのは適当である。

❹ × 仕事の優先順位は、仕事を指示した上司に直接聞くのが適当である。❸と混同しないこと。

出題ランク★★☆

6 秘書に求められるパーソナリティー

パーソナリティーとは、「人柄」「性格」という意味です。秘書に求められるのは、人間関係を上手に築き、仕事のうえで信頼を得ることのできるパーソナリティーです。特に仕事上の信頼を得るには秘密保持の姿勢が大切です。

秘書に求められるパーソナリティーとは

秘書には、仕事を行ううえで必要なパーソナリティーと、周囲から信頼されるパーソナリティーが求められます。

仕事を行ううえで大切なパーソナリティー

◆仕事を行ううえで大切なパーソナリティー

- 判断・決定されたことを受け入れる柔軟性。
- 上司の指示に素直にしたがう姿勢。
- 向上心をもち、積極的に仕事に関わろうとする、仕事に対する前向きな姿勢。
- 口が堅い。秘密(機密)を守ることができる。

◆周りから信頼されるパーソナリティー

- でしゃばらず、周りの人を立てながら協調して仕事をする。
- 周囲に対して明るくふるまい、細やかな気配りを忘れない。
- 情緒が安定している。
- 寛容で誠実な態度。
- 身の回りの整理整頓ができている。
- 人当たりが柔らかい。

機密を保持するための心がまえ

「秘書」とはもともと機密の文書である「**秘文書**」を扱う人、という意味です。上司の補佐をつとめていると、当然**企業機密**と接する機会が多くなります。秘書にとって機密を積極的に守るという心がまえは非常に重要です。

こんなときどうする?

よく出る!

取引先会社のT氏から上司のA常務について次のようなことを聞かれたら？

- 「A常務はお子さんはいらっしゃるの？」と聞かれ、知っている範囲で答えた。
  - ➡ × 家族構成などの個人情報は、たとえ知っていても「知らない」と答えること。
- 「A常務が転勤するとのうわさを聞いたが…」と言われたが、「知っていたら教えられるのだが…」と知らないことにしておいた。
  - ➡ × この答え方では口が軽いと思われてしまう。この場合も「知る立場にないので」と断る。
- 上司出張中に「緊急の用件がある。A常務の携帯電話の番号を教えてほしい」と言われたので、すぐに教えた。
  - ➡ × いくら緊急でも携帯電話の番号をすぐに教えるのはよくない。一度上司に確認をとって指示を仰ぐこと。

★★★ よく出る! 確認テスト

check! □□□

部長秘書Aは、秘書として心がけなければいけないことを次のように考えた。適当なものには○、不適当なものには×をつけなさい。

❶部長秘書なのだから、それなりのプライドをもって周囲と接したほうがいいのかもしれない。

❷部長秘書であっても、他の部員とお互いに仕事を助け合うのは必要かもしれない。

❸助け合いが必要だから、後輩秘書が上司に注意を受けていたら、その場に入って後輩をかばってあげるといいかもしれない。

解答・解説

❶ × 秘書だからといって優越感をもつものではない。プライドは意識しないほうがよい。

❷ ○ 機密を保持する立場を崩すことなく、つき合いを広げることが重要。

❸ × 後輩が上司から注意を受けているときは、そのときは必要以上に関わらず、その注意の後に声をかけるなどのフォローをするとよい。

出題ランク★★★

7 さまざまな状況に柔軟に対応する

さまざまな状況への柔軟な対応を問う問題が出題されます。問題の多くは、①補佐役に徹するという心がけ、②指示された内容を期限内に確実に実行する能力、③機密保持の態度、がカギになります。

秘書に求められる柔軟な対応力

秘書の仕事は、マニュアル通りに進まないことがたくさんあります。さまざまな状況に柔軟に対応していかなければなりません。試験では、さまざまな状況設定で秘書の対応力を問う問題が出題されます。文面から判断ポイントを探し出し、適当か不適当かを判断しましょう。

上司が不在のとき、取引先から不意の面会を求められたら？

●緊急とのことだったので相手に上司の携帯電話の番号を教えた。

➡ ✕ 緊急だからといって、相手に上司の電話番号を教えたり、指示を受けずに秘書が上司のパソコンのメールをチェックしたりしない。

●緊急とのことだったので上司の代わりに応対した。

➡ ✕ 上司が不在だからといって、上司の代わりに秘書が決定したり、応対してはいけない。

●緊急とのことだったので上司の携帯電話にすぐに電話をして指示を仰いだ。

➡ ○ 上司に連絡がつけられるのなら、まず指示を仰ぐことが大切。

上司に頼まれた仕事をしている最中に、他部署の上司から急ぎの仕事を頼まれたら？

●「他に急いでいる仕事がありますので」と言って断った。

➡ ✕ 2つの仕事をやりくりして確実にこなせるかどうかをまず考える。できないと判断したら「その期限内にはできないが……」と答える。まずは指示されたことを「期限内に」「確実に実行」できるかどうかを判断する。

●同僚に手伝ってもらって両方の仕事を同時に進めた。

➡ ○ 同僚などに手伝ってもらうことも選択肢の1つ。場合によっては、上司の了承を得る。

●上司から頼まれた仕事は遅れそうだったが、他部署の上司の仕事は短時間でできるものだったので先に済ませた。

➡ ✕ 上司から指示された期限は確実に守ること。

上司（部長）が出張中に次のようなことが起こったら？

よく出る!

●常務の秘書から「至急連絡をとりたい」と言われたので、携帯電話の番号とその日のスケジュールを伝えた。

➡ ○ 社内の人からの緊急連絡であるから、連絡先等を伝えるのは問題ない。

●上司の親友のＡ氏から「至急連絡をとりたい」と電話が入ったので、携帯電話の番号とその日のスケジュールを伝えた。

➡ × 上司の親友であっても携帯電話の番号やスケジュールまでは教えない。秘書が上司に連絡をとって、上司から友人に連絡をとってもらうようにする。

来客Ａ氏が手帳を忘れていった。どう対処すればよいか？

●Ａ氏に直接連絡し、預かっておく。➡ ○ これが忘れ物への正しい対処法。

●Ａ氏の会社の方に伝言をお願いした。

➡ △ 手帳や本など、プライベートや嗜好に関わるものは、なるべく本人または秘書に電話する。傘、手袋などは、本人でなくても会社の誰かに伝言を頼めばよい。

★★★ よく出る! 確認テスト

check! □□□

マーケティング部長の秘書Ａが上司の急ぎの仕事を行っているとき、営業部長が来て「Ａ製品の意識調査のデータ」を出してほしいといわれた。このとき、Ａの対応として適当なものには○、不適当なものには×をつけなさい。

❶営業部長に、「上司の急ぎの仕事をしているのでできない」と断る。

❷データを出すのはすぐにできることなので、上司に急ぎの仕事を中断してデータを出していいかどうかを尋ねる。

❸営業部長に、「すぐにデータを出すが、その間は代わりに急ぎの仕事をしておいてくれないか」と頼む。

❹営業部長に、「データを出すのは同僚に頼んでみる」と言う。

解答・解説

❶ × 頼まれたのだから、すぐに断らずに２つの仕事をやりくりする方法を考える。

❷ ○ 上司の仕事が期限内にできるのなら、このような対応も適当である。

❸ × ２つの仕事をやりくりしなければならないからといって、「代わりにしてほしい」と営業部長にお願いするのは不適当。

❹ ○ 同僚でもできることならば、頼んでみるのも１つの方法である。場合によっては上司の許可が必要なことも覚えておこう。

よく出る おさらいテスト

解答と解説はP.39～40にあります。

問題1

check! □□□

秘書Aは、退社後友人と待ち合わせの約束をしていた。ところが終業時刻間際になって上司から急ぎの報告書の清書を頼まれた。見ると30分はかかりそうである。友人は携帯電話を忘れたらしく、連絡がとれない。このような場合の対処について、次の中から適当なものを選びなさい。

---

❶上司に、友人と約束があるので今日はできないとわびて、別の人に頼んでもらうようにする。

❷上司に、友人と約束があるので、できるところまでやってみるが後は上司自身で作成してほしいと頼んでみる。

❸終業時刻後の仕事も責任のうちなので、すぐに引き受け、約束の時間に間に合うぎりぎりまで自分で処理をして、残りを同僚に頼んで帰る。

❹終業時刻後の仕事も責任のうちとすぐに取りかかり、終わらせてから待ち合わせの場所に行き、友人には遅れたことをわびる。

❺上司に、友人と約束があるので、明日の朝にできないかと頼んでみる。

問題2

check! □□□

秘書Aは新人秘書Bに次のような指導をした。中から適当なものを選びなさい。

---

❶仕事を抱えているときに別の仕事の指示をされたら、他にも仕事を抱えていることを話して断るようにすること。

❷仕事でミスをしてしまったときは、周囲をわずらわせないように責任をとって自分一人で処理をすること。

❸上司に指示された仕事が終わったときは、すぐに、どんな方法で処理したかを上司に報告すること。

❹「明日までにできればいい」という仕事であっても、なるべく早く終わらせておくようにすること。

❺上司に呼ばれたら、すぐに顔を上げて返事をし、指示を待つこと。

問題3

check! □□□

新人秘書Aは日常業務以外は特にすすんで行っていなかったが、先輩秘書Cから「仕事への積極性が足りない」と言われた。次は、「積極性」について秘書Aが考えたことである。中から適当なものを選びなさい。

---

❶仕事ができると評判の先輩秘書を観察し、先輩の出社時刻に合わせて自分も出勤し、仕事をすることではないか。
❷来客を迎えるとき、相手が初対面なら「いらっしゃいませ」といった後に自分の名刺を渡すことではないか。
❸指示された仕事にわからないことがあっても、責任をもって自分のやり方でやりとげることではないか。
❹上司からの指示を待つだけではなく、他部署の同僚の仕事をすすんで手伝うことではないか。
❺仕事の幅を広げるために、もっと周りの人と積極的に関わり、コミュニケーションを密にとるようにしたほうがよいのではないか。

問題 4
check! □□□

秘書課に配属された新人秘書Aは、早く周りの人に認めてもらえるように次のように考えた。中から不適当なものを選びなさい。

❶美しい言葉づかいができるように、先輩を見習って普段から気をつけるようにしてみようか。
❷休んだり遅刻したりすると迷惑をかけるので、休みの日であっても翌日に差し支えないように考えて行動しようか。
❸誰かが残業しているときは、自分も仕事を見つけて残業するようにしようか。
❹同じミスをしないようにノートに記録を取り、早く覚えられるように工夫しようか。
❺朝は先輩よりも早く出社して、掃除やお茶の用意をすることにしようか。

問題 5
check! □□□

次は、秘書が新しい上司につくときの心構えについて述べたものである。中から不適当なものを選びなさい。

❶上司の交友関係や所属団体についても知っておくこと。
❷上司の関心事は、言われなくても情報提供できるように普段から心がけておくこと。
❸仕事の流れをつかむため、上司の仕事や会社の業務を知るよう努力をすること。
❹異動の経緯を調べておき、上司に確認すること。
❺前の上司と比較せず、新しい上司の性格や好みにあった仕事のしかたを考えること。

解答と解説はP.39～40にあります。

問題 6

check! □□□

秘書Aは上司から、「これから取引先のT社へ資料を届けてほしい。済んだらそのまま帰宅してよい」と指示された、この場合Aは資料を届けた後どうするのがよいか。次の中から適当なものを選びなさい。

❶資料を届ければ仕事は終わるので、翌日上司に聞かれたら報告するのがよい。

❷済んだらそのまま帰宅してよい、という指示なので、そのまま帰宅するのがよい。

❸資料を届けたら、すぐに上司に電話で報告をしてから帰宅するのがよい。

❹帰宅してよいと言われていても、会社に一度戻って報告をしてから帰宅するのがよい。

❺帰宅してよいと言われているのだから、自宅に帰ってから上司に電話で報告するのがよい。

問題 7

check! □□□

次は、上司（部長）が出張中、秘書Aが行ったことである。中から<u>不適当</u>なものを選びなさい。

❶専務秘書から「連絡先を教えてほしい」と言われたので、宿泊先の電話番号とその日のスケジュールを伝えた。

❷上司の親友であるT氏から、確認したいことがあると電話があったので、上司の宿泊先とその電話番号を教えた。

❸日頃忙しくてなかなかできなかった書類のファイルや名刺の整理をした。

❹他部署の秘書に、会議の日程調整のために、空いている日時をいくつか教えておいた。

❺取引先から電話があったので、用件を聞き、担当者につないだ。

問題 8

check! □□□

次は秘書Aが、「よく気がつく」と言われている先輩秘書Bを見習い、行っていることである。中から<u>不適当</u>なものを選びなさい。

❶上司が頭痛がする、と言ったので、「薬の用意がございますが、お持ちいたしましょうか」と尋ねた。

❷上司から会議の資料をコピーするよう指示されたとき、小さく見づらい箇所があったので「こちらのグラフは少し拡大してコピーいたしましょうか」と尋ねた。

❸上司が朝から浮かない顔をしていたので、「何かお悩みがありましたら、なんなりと私に相談なさってくださいませ」と声をかけて励ました。

❹上司が資料のファイルを数冊手に抱えて帰ろうとしていたので、「こちらの袋をお使いくださいませ」といって、袋に入れて手渡した。

❺上司のジャケットのボタンが取れかかっていたので、上司にそのことを伝えて「すぐにおつけいたします」といってジャケットを預かった。

問題 9
check! □□□

秘書Aの上司が外出中、取引先の専務から面会の申し入れがあった。この場合の対処として、次の中から適当なものを選びなさい。

❶急ぎということなので、日時を調整して決めておき、上司が戻ってから報告する。
❷希望の日時を尋ねて、スケジュールが空いていれば受け、予定が入っていれば断る。
❸上司が戻ってくる時間を伝え、その時間にあらためて連絡してほしいという。
❹上司の電話番号を教えるので、直接交渉してくれないかと聞く。
❺希望の日時と、急ぎの用件かを聞き、上司が戻ったらあらためて連絡すると言っておく。

おさらいテスト 解答と解説

問題1 ❹

秘書の勤務時間は上司の仕事によって左右される。急ぎの仕事なのですぐにとりかかる。私用を優先して上司や同僚に仕事を任せるのは不適当。

問題2 ❹

❶ 他に仕事を抱えているときは、断るのではなく、その旨を話してどうしたらよいかの指示を受けるべきである。
❷ ミスはただちに上司に報告し、自分勝手に処理しない。
❸ 報告は結論から話す。どんな方法で処理したかは必要であれば述べる程度。
❺ 呼ばれたらその場で指示を待つのではなく、立ち上がって上司の元へ行く。

問題3 ❺

❶ 仕事ができると評判の先輩の仕事ぶりを見習えばいいのであって、出社時刻を合わせることで解決するわけではない。
❷ 来客時の秘書の業務は上司への取り次ぎや応対であって、自分をアピールすることではない。
❸ 指示された仕事にわからないことがあれば、自分のやり方で行わず、すぐに上司に不明点を聞くべきである。
❹ あくまで上司の補佐としてすすんで仕事を行うこと。他部署の同僚の仕事をすすんで行うことはない。

問題4
❸

残業は仕事の都合でやむを得ずするのであって、本来仕事は就業時間中に処理できるように努める。先輩が残業しているからといって、残業してまで仕事を見つけることは不適当。

問題5
❹

上司の異動の経緯について調べたり、上司に確認する必要はない。

問題6
❸

仕事は終わったらすぐに報告するのが基本である。そのまま帰宅する状況であっても同じことである。

問題7
❷

上司の親友であっても社外の人に出張先までは教えない。連絡をとる場合は、A が上司に連絡して、上司から友人に連絡してもらうようにする。

問題8
❸

よく気がつくとは、相手がこう言うだろう、求めるだろうと思われることを察して行動することである。勝手な判断で悩みがあると決めてかかり、秘書の立場で、上司に対して「相談にのろうか」ということは気遣いとはいえない。

問題9
❺

❶ 急ぎとはいっても、秘書が無断で面会日時を決めることはできない。
❷ ❶と同様に、どの予定を優先するかを決定するのは上司である。秘書が無断で決定をすることはできない。
❸ こちらから連絡をするのが礼儀である。
❹ スケジュールを調整するのが秘書の仕事。上司が直接交渉するのでは、補佐役の秘書はいらないことになる。
❺ 急ぎ具合と希望日時を聞いておき、こちらから改めて連絡すると伝えるのが適当。

Part2
理論編 職務知識

試験の形式

選択式問題 **5問出題** ➡ 目標正答数は **4問**

試験問題の傾向

- 「Part 1 秘書の資質」の考え方をベースに、秘書の仕事の領域、上司との関わり方、仕事の取り組み方について問われます。
- よく出題されるのが、「独断専行」や「越権行為」。どういった場合がこの2つの行為にあたるのかを判断できる能力が求められます。
- また、秘書が日常的に行う「定型的な業務」とそれを行ううえでの心構えを問われます。

試験対策と勉強法

- 「Part1 秘書の資質」と同様、暗記では解けない問題が多いので、さまざまな問題にあたることが必要です。
- 独断専行や越権行為については、問題を解くことで「具体的にどんなことなのか」「なぜいけないのか」がわかるはずです。問題をたくさん解くことも大切ですが、1問1問を熟考しながら解き、解説もしっかり読みましょう。

出題ランク ★☆☆

1 秘書の機能と役割

秘書の「機能」と「役割」は、直接出題されることは少ないのですが、次節に述べる「秘書の心得」を理解するうえでも、正しく認識しておきたい知識です。

秘書の機能と役割

上司は、企業の成果に直接関わる**経営管理**を行います。秘書は、上司が効率的に仕事ができるように**補佐役**を務めます。秘書は補佐をすることで**間接的**に**企業の成果**に貢献しているといえます。

上司と秘書の機能と役割の違い よく出る!

	上　司	秘　書
機　能	経営管理に関わる。	上司を補佐する。
役　割	経営計画・組織の運営・指揮や命令 ➡企業の要求に応える。	上司指示に従って雑務を処理 ➡上司の期待に応える。
成　果	企業の成果に直結する。	上司の成果に直結する。

ライン部門とスタッフ部門

企業は、営業部、製造部、販売部などの直接**利益**を生み出す**ライン**部門と、人事部、経理部、総務部などのライン部門を**補佐**する**スタッフ**部門に分かれています。会社の意思決定に関わる上司は**ライン**部門に属し、上司を補佐する秘書は**スタッフ**部門に属しています。

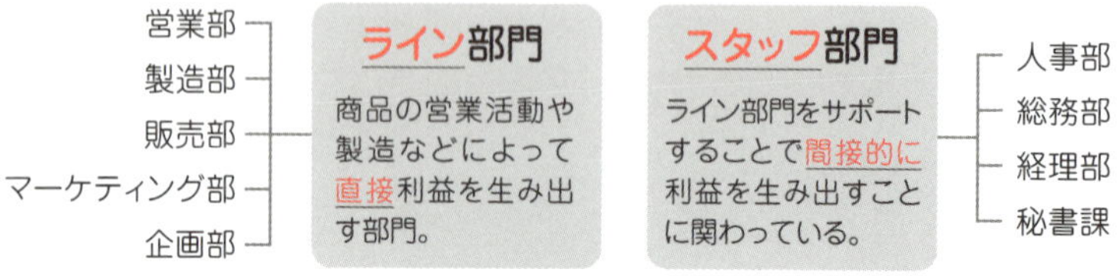

営業部
製造部
販売部
マーケティング部
企画部
ライン部門
商品の営業活動や製造などによって直接利益を生み出す部門。
スタッフ部門
ライン部門をサポートすることで間接的に利益を生み出すことに関わっている。
人事部
総務部
経理部
秘書課

秘書の分類

秘書は所属によって、次のように分類されます。

□個人つき秘書	特定の上司一人に専属でつく、マンツーマン型。 上司 部下 上司 秘書
□秘書課所属の秘書	秘書課（室）に属し、チーム全体でトップ・マネジメントの補佐をする。直属の上司は課長（室長）になる。 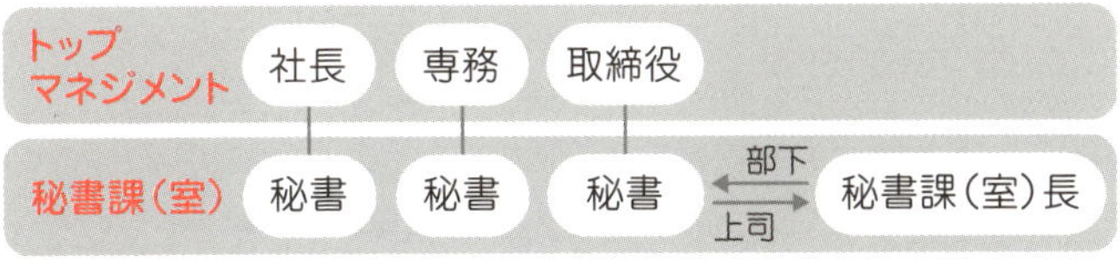トップマネジメント 社長 専務 取締役 秘書課（室） 秘書 秘書 秘書 部下 上司 秘書課（室）長
□兼務秘書	上司と同じ部門に所属し、上司の秘書業務とその部の仕事を兼務する。上司は主に部長や課長などのミドル・マネジメント（中間管理職）。
□チームつき秘書	特定のプロジェクト・チームや研究チームを発足するときに、チームの秘書をつける。

★★★ よく出る！確認テスト

check! □□□

次は秘書Aが、秘書の役割として考えたことである。適当なものには○、不適当なものには×をつけなさい。

❶上司の期待に応えるように補佐すること。
❷上司の代わりに雑務を処理すること。
❸上司の指示に従って仕事をすること。
❹上司とともに経営計画を考えること。
❺企業の要求に応えるように仕事をすること。

解答・解説

❶ ○ 秘書の役割は、上司の期待に応えるように仕事をすること。
❷ ○ 秘書は、経営管理に関わる上司の代わりに雑務の処理を行う。
❸ ○ 上司の指示に従って仕事をするのも秘書の役割である。
❹ × 経営計画について考えるのは上司の役割。
❺ ○ 企業の要求に応えるのは上司の役割だが、秘書は上司の補佐を通じて間接的に企業の要求に応えているといえる。

出題ランク★★☆

2 秘書の心得① 上司と信頼関係を結ぶ

ここでは、上司と固い信頼関係を結ぶための秘書の心得を学びます。Part1の「補佐役としての心がけ」と重なる内容もありますが、「職務知識」の範囲でも覚えておきたい知識です。再度確認しましょう。

よりよい補佐をするための心得

よりよい補佐をするために、上司と秘書は尊敬と信頼で結ばれていることが望ましいものです。そのために次のようなことを常に心がけておきます。

心得1 秘書の立場をわきまえる

秘書は上司の補佐役という立場を忘れず、上司が仕事をしやすいように努めます。たとえば休暇をとるときは、上司のスケジュールに支障がない日に休むなど、上司や周囲に迷惑をかけないように配慮します。
また、上司をより的確に補佐できるように幅広い教養や知識を身につけておくことも大切です。

心得2 上司のことを知り、言動を前向きに理解する

上司を理解し、言動を前向きに受け止めようと努めます。上司を理解するために、最低限のことを知っておきます（P.22参照）。

心得3 上司のプライベートに深く立ち入らない

秘書業務を進めるためには、ある程度上司の個人的なことを知っておく必要があります。しかし、仕事とは関係のない私的な交際関係などはわざわざ聞き出そうとせず、耳に入ってくる範囲で理解するようにします。

心得4 良好な人間関係をつくる

秘書が周囲と良好な人間関係をつくっていると、上司も仕事がしやすくなります。誰とでも公平に、礼儀正しく誠意をもって応対します。

心得5　機密を守る

仕事で知り得た機密事項や、上司のプライベートなことなどは他の人に話してはいけません。

心得6　信頼を損ねる言動を慎む

秘書の不注意な言動によって、他の人と上司との信頼関係が損なわれることもあります。秘書は上司の陰の力だという意識をもち、所作や言動には十分注意します。

こんなときどうする?

私用で出かけた上司（部長）に「相談がある」と常務から電話があったら？

- 「部長だったら私用で出かけた」と話す。
- ➡ × わざわざ「私用で」と応えると、よけいなせんさくをされかねない。
- 「外出していて○○時に戻る」と話す。
- ➡ ○ 不在であることと帰社する時間だけを伝えればよい。

★★★ よく出る! 確認テスト

check! □□□

次は、秘書Aが日ごろ心がけていることについて述べたものである。適当なものには○、不適当なものには×をつけなさい。

❶社内はもちろん、社外でも機密を話さないこと。
❷上司を理解するために、上司の休みの過ごし方を知ること。
❸社内で上司と関係しない人にも、あいさつを欠かさないこと。
❹上司の陰の力として、自分の立場を忘れずに行動すること。
❺普段から、幅広い知識や教養を身につけておくこと。

解答・解説

❶ ○ 機密事項は、家族や会社に関係のない友人にも話してはいけない。
❷ × プライベートである休日の過ごし方まで知ろうとするのは行き過ぎである。
❸ ○ 誰とでも公平に接して、上司と周囲との橋渡し役としての役割を担う。
❹ ○ 秘書は上司の陰の力であることを忘れてはいけない。
❺ ○ 幅広い知識や教養が秘書業務に役立つ。

★★★
よく出る! 確認テスト

check! □□□

次は、秘書Aが休暇をとるときの行動である。適当なものには○、不適当なものには×をつけなさい。

❶長期休暇を取るときは、申し出る前に自分の代行者を立てておき、代行者がいるから心配ないと上司を安心させる。

❷休暇の日程はできるだけ早く決め、上司の仕事に差し支えないように準備をしてから休むようにしている。

❸休暇の日が決まった後は、上司になるべくその日は予定を入れないようにお願いしている。

❹緊急の仕事がない場合は、一日程度であれば、上司のスケジュールにこだわることなく休暇をとってもよい。

❺体調不良で急にその日に休まなければならなくなったら、同僚に電話して上司に休みを伝えてほしいとお願いする。

解答・解説

❶ × 長期休暇中は誰かに自分の代行を頼むことになるが、勝手に相手を選んで決めるのは秘書の職域を越えることになる。代行者は、上司の了解を得てから決めるようにする。

❷ ○ 適当な行動である。上司の補佐役としての秘書は、休暇の前には上司の仕事に支障のないように準備を進めなければならない。

❸ × 秘書が上司の予定に合わせなければならない。上司に対して秘書の予定に合わせるように頼むのは不適当である。

❹ × 上司のスケジュールを最優先に考えて、休暇をとる必要がある。

❺ × 上司とどうしても連絡がとれない場合を別にして、上司に直接連絡をとり、休みの許可を得なければならない。

★★★よく出る!確認テスト

check!
□□□

次は、秘書Aが秘書業務のために知っておいたほうがよいと考えたことである。適当なものには○、不適当なものには×をつけなさい。

❶上司が出席する会議の資料の詳細。
❷業界の動向や最新情報。
❸上司の渉外の範囲。
❹上司の健康状態。
❺上司の家族の病歴。
❻上司が仕事中によく行く喫茶店。
❼上司と気の合う役員。
❽上司の社内での評判。

解答・解説

❶ × 上司の仕事の内容の詳細を知っておく必要はない。
❷ ○ 上司の仕事を知るうえで知っておいたほうがよい。
❸ ○ 上司の仕事を知るうえで知っておいたほうがよい。「渉外」とは、外部との連絡・交渉のこと。会社では担当部署、担当者によって渉外の範囲が決められていることが多い。
❹ ○ 上司の健康状態は把握しておく。
❺ × 上司の家族の病歴までは知っておく必要はない。
❻ ○ 積極的に知るべきことではないが、知っておいてもよい。緊急の連絡などをとる場合などに役立つことがある。
❼ ○ これも積極的に知るべきことではないが、知っておいてもよい。
❽ × 上司の社内の評判は、秘書の仕事とは直接関係ない。上司との信頼関係を深めるために必要なことでもない。

出題ランク★★★

3 秘書の心得② 職務の限界

秘書が業務範囲を越えて仕事を行うことを越権行為、上司の判断が必要なことを秘書の判断だけで行うことを独断専行といいます。職務の限界を心得て、越権行為と独断専行を慎みます。

秘書にはできる業務とできない業務がある

秘書は、あくまでも上司の補佐役であり、日常業務以外の仕事は上司の指示や命令がなければできないことになっています。上司の指示や命令で代理を務める場合でも、上司の本来の業務には関わってはいけません。

秘書は、いつも次のようなことを心得ておきます。

秘書が業務を行ううえで心得ておくこと よく出る!

- 上司本来の業務と秘書本来の業務の範囲を認識して、その範囲を越えないようにする。
- 日常業務以外の仕事は、上司の指示や命令を受ける、あるいは相談して了承を得てから行う。
- 自分では判断できない事態が起こったときは、上司の指示を仰ぐ。
- 上司が不在の場合は、仕事内容がわかる人（同じ部署の課長など）に指示を仰ぐ。

秘書ができない業務

次のような業務を秘書が行うことはありません。

秘書が行ってはいけない業務の例

× 経営管理に関する仕事。

× 決済書類、稟議書など重要書類への押印。

× 上司に代わって来客応対をする。

× 上司に無断で面会予約を受けたり、スケジュールを調整したりする。

× 上司に無断で会合の出欠を決める。

こんなときどうする?

秘書の立場を越えている行為（越権行為）はどれ？

●経営管理に関して意見を述べる。

➡ ✕ 経営管理は上司の仕事。

●仕事の詳細な内容を把握しようとする。

➡ ✕ 知っておくべき仕事の内容は、秘書業務を十分行う程度でよい。詳細な内容は必要ない。

●いつも黙って外出する上司に、必ず行き先を知らせてくれるようにお願いする。

➡ ✕ 補佐役としての立場以上の依頼になる。

●上司が直前に面会の予約を伝えたので、もっと早く知らせてほしいとお願いする。

➡ ✕ 上司の仕事に必要なことであろうから、そのまま受け止める。

★★★ よく出る! 確認テスト

check! □□□

次は、秘書が仕事をするときの心得について述べたものである。適当なものには○、不適当なものには×をつけなさい。

❶上司が忙しい中で具合が悪そうなときは、今日は早く帰ったらどうかと気遣う。

❷上司が忙しく疲れているときは、接待の回数を少なくするように周囲に頼んでおく。

❸上司が忙しい時間帯は、仕事の判断をすべて秘書に任せてもらう。

❹上司の機嫌がよくないときは、報告を後回しにするなど気を使う。

❺上司から印鑑を預かっていても、押印をするときは了承を得る。

解答・解説

❶ ✕ 上司は具合が悪くてもやらなくてはいけない仕事があるから残っているのだろう。秘書の立場で必要以上に仕事に口出ししてはいけない。

❷ ✕ ❶と同じく、秘書が必要以上に気を回してはいけない。

❸ ✕ たとえ上司が忙しくても、本来上司が行うべき業務まで秘書が判断して行うことはできない。

❹ ✕ 上司の機嫌に関わらず、大事なことはできるだけ早く報告するべきである。

❺ ○ 書類への押印は、本来上司の仕事である。上司から印鑑を預かっていても、押印は上司の意向を確認して行わなければならない。

出題ランク★★★

4 定型業務

秘書検定では、定型業務で起こりうる事態にどのように対処するかがよく問われます。「Part4 マナー・接遇」「Part5 技能」では具体的な対処方法が問われますが、Part2 では、定型業務を行う際の心がまえをきちんと押さえておきましょう。

定型業務と非定型業務

秘書の仕事は、上司が効率的に仕事ができるように雑務を引き受けることで、内容は多岐にわたります。大別すると、日常的に行う**定型業務**と、ときどき、または突発的に起こる事態に対応する**非定型業務**の２つがあります。

定型業務

定型業務は**日常業務**ともいい、日常的に行う業務です。そのつど上司の指示や命令がなくても、ある程度秘書の判断で行ってよいものです。ただし、判断に迷うときは**上司の指示**を仰いだり、**先輩の意見**を聞いたりします。

定型業務	内　容	留意点
来客応対	来客の受付・上司への取り次ぎ・案内 来客への茶菓のサービス 来客の見送り 上司不在中あるいは執務中の応対	●紹介状や書類などを預かるときは、中身を確認したりしないで、そのまま上司に渡す。
電話応対	電話の応対・上司への取り次ぎ 上司不在中あるいは執務中の応対	●上司が不在で返事が必要なときは、こちらからかけ直すと伝える。
日程管理	スケジュールの作成と管理 スケジュールの変更・調整 上司および関連先への連絡	●スケジュール調整では、必ず上司の意向を聞いてから予定を変更する。
上司の身の回りの世話	お茶や食事の世話 健康管理 家族との連絡・私的な交際の世話 車の手配	●健康管理では、上司の定期健診の確認、常備薬の準備、主治医や健康保険証のメモなどを行う。
部屋の管理	上司の机の上の掃除と整理 応接室の掃除と整理 照明、冷暖房、換気などの調整 備品や消耗品の点検・補充	●上司の退社後、机の上を整理整とんする。
文書事務	文書の作成・清書 社内外文書の受発信と管理 コピー・印刷	●パソコンで文書を作成する場合、席をしばらく離れるときは、文書は保存して終了する。 ●秘文書の扱いに注意する。→P.168 ●メール文書の扱い方。→P.170

定型業務	内容	留意点
情報活動	情報収集・管理・ファイリング 情報の提供／他部署との連絡	●ファイリング→ P.182 ●雑誌・記事などの整理→ P.180
出張・旅行業務	宿泊先予約・切符の手配などの出発準備 旅程表の作成・旅費の準備 出張後の経費精算	●上司の出張中の業務→ P.54
会議・会合	会場の準備・受付／開催案内の作成と発送 資料の作成と保管／会場の後始末	●会議の知識→ P.148 ～ 153
交際	冠婚葬祭に関しての準備・手配 中元・歳暮、その他の贈答品の準備・手配	●慶事・弔事の対応 → P.126 ～ 131 ●贈答・お見舞いに関する知識 → P.132 ～ 135
経理事務	旅費の精算／諸伝票の起票 諸会費の納入／接待・交際費の管理	

★★★ よく出る! 確認テスト

check! □□□

秘書Aは出身校の後輩から、秘書になりたいがどのような仕事をするのか教えてほしいといわれた。次はAが秘書として教えたことである。適当なものには○、不適当なものには×をつけなさい。

❶上司の代理としての来客面会。
❷上司が出張した後の旅費の精算。
❸上司のロッカーの中の清掃。
❹上司が受け取った名刺の整理。
❺来客へのお茶出し。
❻上司の指示による贈答品の手配。
❼上司が留守中の部下の監督。
❽上司が自宅へ帰る時間を把握しておく。
❾部屋の清掃。

解答・解説

❶ × 来客との面会は上司の仕事。秘書は、上司が不在中であっても上司の代理業務はできない。受付と案内などは秘書の仕事。

❷ ○ 出張後の大切な業務（経理業務）の一つ。

❸ × 上司のロッカーは私物なので、上司の了解なしに清掃してはいけない。

❹ ○ 情報活動の一環として名刺の整理を行う。

❺ ○ 来客への接待は秘書の来客応対業務の一つ。

❻ ○ 交際業務の一つ。

❼ × 上司と秘書の権限は違う。秘書が上司に代わって部下を監督することはできない。

❽ × 上司が帰社した後は上司のプライベートである。上司がどこかへ寄るか、何時に自宅へ帰るかなどは秘書が知るべきことではない。

❾ ○ 部屋の管理業務の一つ。

出題ランク ★☆☆

5 非定型業務

3級では、非定型業務の範囲からは「予約のない来客の応対」以外はあまり出題されません。ただ、秘書として非定型業務の内容や対応は十分に理解しておきたいものです。

非定型業務

秘書の仕事は日常的な業務だけではなく、突発的に起こる事態にも対応しなければなりません。すばやく適切に処置ができるように、日ごろから手順や段取りをイメージしておくことが大切です。

非定型業務	内　容	留意点
災害	来客の誘導 → 消防局などへの通報・社内外の連絡 重要物件の持ち出し	●人命を優先し、来客や社外の人を先に避難させる。
盗難	社内の関係者への連絡・警察への通報 被害内容の調査	
押し売りセールス、脅迫者などの不法侵入者	あまりにしつこいセールスなどは防犯ベルを押して警備室へ連絡	
上司の事故・急病	応急手当などの処置 → 主治医への連絡または救急車の手配 自宅や社内の関連部署に連絡 スケジュール調整	●上司の代理や秘書課長（室長）などの指示を仰ぐこと。 ●落ち着いたら、上司に以後のスケジュールの確認などを行う。
新人指導・引き継ぎ	後輩への指導 → 配置転換による引き継ぎ →	●新人指導では、人間関係を損なわないように配慮する。 ●前任者からの引き継ぎでは、定型業務だけではなく、上司の人柄、仕事のやり方なども詳しく聞いておく。
その他予定外の仕事	予約のない来客の応対 → マスコミの取材への対応 秘書自身の出張・残業	●予約のない来客の応対→ P.111

★★★ よく出る! 確認テスト

check! □□□

新人秘書Aは、先輩から秘書の仕事にはいろいろなものがあるとして次のようなことを教えられた。適当なものには○、不適当なものには×をつけなさい。

❶上司が急病になったときのスケジュール調整。

❷上司の食生活の管理。

❸災害時の来訪客の誘導。

❹新人秘書の指導。

❺上司の代理としての通夜参列。

❻上司の代理としての会議の出席。

❼上司不在時、予約のない来客への応対。

❽上司不在時、予約のない来客に上司の代理として面会。

解答・解説

❶ ○ 上司が急病になったとき、面会予約のキャンセルなどのスケジュール調整を行うことになる。病状によって上司からスケジュール変更の意向を聞けない場合は、上司の代理や秘書課長（室長）の指示を仰いでスケジュールを調整する。

❷ × 上司に食事制限などがあれば知っておくのは大切だが、食生活自体を管理するのは行き過ぎである。

❸ ○ 災害時には、人命優先で来訪客を誘導して避難させる。

❹ ○ 新人秘書が入ってきたときは、指導をする。

❺ ○ 上司からの指示で通夜や告別式に代理で参列することもある。

❻ × 上司の都合が悪くても、上司の本来の仕事である会議の出席を秘書が代理で行うことはできない。

❼ ○ 上司の不在時、予約のない来客があれば、応対をした後で上司に報告する。

❽ × 上司の不在時に予約のない来客があっても、上司の代理として面会をすることはできない。❼との違いを頭に入れておくこと。

出題ランク★★★

6 上司の出張に関する業務

定型業務の中でも、上司の出張に関する業務はよく出題されています。出張前、出張中、出張後に分けて、それぞれするべき業務を覚えておきましょう。

出張前の秘書の業務

出張に関して確認しておくことは、主に次の通りです。確認後、出張の準備を行います。

出張での確認事項

- 出張先
- 同行者
- 用意する資料
- 宿泊先の希望
- 出張中のスケジュール
- 相手に渡す手土産の有無

出張前の準備

- 乗車券の手配※
- 資料の準備
- 宿泊先の予約※
- 旅程表の作成
- 出張経費の仮払い

※乗車券と宿泊先は、満席になる恐れがあるので早めに手配しておく。

出張前日に行うこと

- 出張経費、乗車券、旅程表を上司に渡す。旅程表のコピーは課長など関係のある人に配布する。
- 手土産は、同行者の部下がいる場合には部下に渡す。
- 宿泊先に宿泊の確認をし、到着予定時間を伝える。

出張中の秘書の業務

出張中は主に次のような業務を行います。

- 予定外の来客、電話に対応する。
- 出張中は、1日1回程度、だいたいの時間を決めて上司と連絡をとる。
- やり残している日常業務を行う。書類のファイル整理、事務用品のチェックなど。

出張後の秘書の業務

出張後は主に次のような業務を行います。

- 出張中の来客、電話などを簡潔に上司に報告する。
- 上司と相談して、上司がお世話になった出張先へ礼状を出す。
- 関連部署へ上司が戻ったことを連絡する。
- 出張で使った費用を精算する（仮払いの精算）。
- 出張中に上司が使った資料や受け取った名刺を整理する。

よく出る! 確認テスト

check! □□□

次は、上司の出張に関して秘書Aが行った一連のことである。適当なものには○、不適当なものには×をつけなさい。

❶上司と相談して手土産を購入し、出張に出発する日に出張先に着くように送付の手配をした。

❷出張前日に上司に旅程表を渡し、それに沿って行動するようにお願いした。

❸上司の出張中、親しい取引先に上司の出張先を聞かれたので教えた。

❹上司の出張中に、同じ部署の同僚秘書Bから急ぎの仕事の応援を頼まれた。時間に余裕があったので、席を離れない仕事ならと引き受けた。

❺出張先の上司から、出張がもう1日延びると連絡があった。同行している課長も一緒かどうかを確認し、関連部署に出張の延期を伝えた。

解答・解説

❶ × 手土産は直接手渡すもので、送るものではない。

❷ × 旅程表はあくまで行動の目安である。それに沿って行動するようにお願いするのは、秘書の権限を逸脱しているので不適当。

❸ × 外部の人には出張先などの情報を教えてはならない。

❹ ○ 上司の出張時、時間に余裕があるなら、他の人からの仕事を引き受けても問題はない。ただし電話の応対などをしなければならないので、離れた部署などの仕事は避けること。

❺ ○ 出張の日程が変更になったときは、関連する部署に連絡をして、変更を伝えることになる。

出題ランク★★★

7 上司が不在時の対応

上司の不在時に社内外から問い合わせなどがあった場合、どのような対応がよいかがよく問われます。対応が分かれるチェックポイントは、①相手は社内の人か、社外の人か、②目上の人か、目下の人か、③緊急度が高いか、の3点です。また、常に秘書の職域の範囲で対応することも重要です。

上司が不在時の対応例① 社内の人への対応

上司が外出や出張、会議などで不在のときに、社内外から相談やスケジュール変更などのさまざまな用件が持ち込まれた場合、臨機応変な対応が必要となります。このような場合も、上司に無断で処理するなど、秘書の職域を越えることをしてはいけません。

こんなときどうする?

よく出る!

外出中の上司に対して社内の上役が「確認したいことがある」と言ってきたら？

- 外出から戻る時間を伝えてそれまで待ってほしいと言う。
  - ➡ ✕「待ってほしい」というのは不適当。「それまで待てるかどうか」と尋ねるのが正しい。
- 担当者や課長などの代理で対応できるかを聞く。
  - ➡ ○ 上司不在でも対処できる場合がある。「とりあえず用意する資料で間に合うか」などと対応するのも適当。
- 急ぎなら携帯電話で連絡をとってみてはどうかと言う。
  - ➡ ✕ 携帯電話で上司に連絡をとることは正しいが、これは秘書の仕事。上役に指示をしてはいけない。

こんなときどうする?

よく出る!

外出中の上司に対して部下である課長が「確認したいことがある」と言ってきたら？

- 上司が戻ったら知らせるので待ってほしいと言う。
  - ➡ ✕ 戻ったら知らせるのはよいが、待ってほしいと指示するのは不適当。「待てるかどうか」と尋ねる。

こんなときどうする?

よく出る!

出張中の上司に対して会議の予定が入った。どう対処すればいいか？

- 上司が出張から戻り次第、出欠の有無を確認して答えると言う。
  - ➡ ✕ スケジュール調整は出張中でもできる場合がある。たとえば「電話で出欠を確認する。返事は何時までにすればよいか」といった対応が正しい。

上司が不在時の対応例② 社外の人への対応

上司が不在のときの社外の人への対応は、次のようなことを覚えておきましょう。

上司が不在中、社外の人への次の秘書の対応は適当？ 不適当？

- 予定のない来訪者があったので、上司が不在だと伝えて名前と用件を聞いておいた。
  - ➡ ○ 用件によっては代わりの者に対応してもらうということもあり得る。
- 予定のない来訪者があったので、上司が戻る時間に改めて来てほしいと伝えた。
  - ➡ × また来てほしいというのは失礼にあたる場合もある。こちらから改めて連絡すると伝える。
- 上司が会議中や面談中などで社内にいるときに、緊急の連絡などすぐに取り次ぐべきと判断したら、上司にメモを渡して指示を受ける。
  - ➡ ○ 会議中、面談中はメモを渡して指示を仰ぐのが基本。
- 急ぎの用件があると言われたので、上司の携帯電話の番号を教えた。
  - ➡ × 社外の人には、上司の出張先、外出先、携帯電話の番号などを教えない。
- 書類を預かる場合、相手の名前を聞いておいた。
  - ➡ ○ 名刺や伝言も預かっておくとよい。

★★★ よく出る! 確認テスト

check! □□□

次は、秘書Aの上司（部長）の不在時の対応である。適当なものには○、不適当なものには×をつけなさい。

❶他部署の部長から、明日の午後に急な部長会議を開くと連絡が入った。明日の午後は特に予定はないので、「承知した」と伝えた。

❷課長が、相談事があると言ってきたので、「代わりに相談内容を聞こうか」と言った。

❸部下で取引先C社の担当者が、意見を聞きたいとやってきた。上司は2時に戻ってくる予定だと伝え、「戻ってきたら知らせるので、その時間は席にいてもらいたい」とお願いした。

❹親戚の訃報で至急連絡をとりたいという家族からの電話に、「携帯電話で連絡をとってみるので、待ってもらえないか」と聞いた。

解答・解説

❶ × 上司に無断で会議の予定を入れるのは不適当である。

❷ × 秘書は上司の代理ではないので、代わりに相談内容を聞くのは不適当。

❸ × 「席にいてもらいたい」と上司の部下に秘書が指示をするのは不適当。

❹ ○ 家族からの至急の電話に、秘書が上司と連絡をとり、折り返し電話をかけるのは適当。

出題ランク ★★☆

8 効果的な仕事の進め方

この分野からは「仕事の優先順位の決め方」がよく出題されています。仕事がいくつか重なった場合、まずは①仕事の期限、②仕事の重要度の2点を比べて優先順位を判断します。

仕事を標準化する

仕事にかかる時間をなるべく短縮し、効率よく進めるためには、仕事を標準化するのもよい方法です。つまり、仕事をマニュアル化して行うことで、ミスなく、速く行うことができるのです。たとえば、次のような方法があります。

例1　毎日行う仕事をリストに書き出す

「朝、行う仕事」「退社前のオフィスのチェック」など、毎日行う仕事は項目に書き出して、チェックする。

マニュアルやリストを作って、ファイルにまとめておくとよい

例2　複数の仕事で共通する部分はフォーマット（様式）化する

文書作成などでは、あらかじめ共通のフォーマットを作っておき、文書ごとに応用する。

例3　仕事の手順を決める

たとえば、郵便物の仕分けでは、①他部署の郵便物が混じっていないかチェック、②開封するものとしないものに分類、③受信簿に記録する郵便物をピックアップ、というように、作業の順番を決めておく。

例4　作業内容を見直す・工夫する

すでに標準化した仕事でも、さらに効率アップをはかるために工夫するとよい。どうすれば作業時間を短縮できるか、ムダな作業がないかをときどきチェックする。

仕事の優先順位を決める

仕事がいくつか重なった場合、仕事の優先順位を判断して行うことが大切です。

こんなときどうする?

どの仕事を優先すべきか？

- 仕事がいくつか重なってしまったら、すぐにできる仕事を優先する。
  - ➡ ✕ 急いでいる仕事を優先する。
- 急いでいない仕事が複数ある場合は、時間がかかるものから先に処理する。
  - ➡ ✕ すぐに終わるものから先に処理するとよい。
- たまっている名刺の整理と上司に指示された資料の整理なら、名刺整理を優先する。
  - ➡ ✕ 期限で比べられないときは、重要度の高い仕事を優先する。
- 優先順位の判断に迷ったら、すぐに終わるものから先に処理する。
  - ➡ ✕ 優先順位に迷ったら上司の指示を仰ぐ。もちろん上司が優先順位を指示したときも、上司の意向に従う。

★★★ よく出る! 確認テスト

check! □□□

次の秘書Aがとった行動のうち、優先順位として適当なものには○、不適当なものには×をつけなさい。

❶上司の指示を受けているときに上司の机の外線が鳴ったので、上司に断って電話に出た。

❷大至急の文書を作成中に、取引先から面会予約の申し込みの電話がかかってきた。今は立て込んでいるので、落ち着いたら電話すると伝えた。

❸上司から「今日中に終えたい」という急な残業を指示された。時間はたいしてかからないようだったが、私用の予定が入っていたので、残業を断った。

解答・解説

❶ ○ 外線が鳴ったということは、取引先などのお客様からの電話である。会社にとってはお客様優先なので、上司の指示を受けている最中でも電話に出るのは適当である。

❷ ✕ 取引先からの面会予約なので、忙しくても「立て込んでいるから」という自分の都合を優先することは不適当である。

❸ ✕ 私用があっても上司の指示を優先しなければならないこともある。

よく出る

おさらいテスト

解答と解説はP.63～64にあります。

問題1

check! □□□

上司（部長）が不在中、取引先のT氏が不意に訪れた。今日たまたま近くを通ったので、上司から明日受け取ることになっている書類を今受け取れないかという。Aが書類を探しにいくと、それらしいものが上司の机にあった。上司はあと1時間ほどで戻る予定である。このとき、Aはどのような対応をすればよいか、不適当なものを選びなさい。

---

❶上司の机の上にあるということは渡せる準備ができていることだから、書類を確認してもらってそれでよいということなら渡す。

❷上司はあと1時間ほどで帰ってくる。自分では判断できないので、それまで待ってもらえるかどうかと尋ねる。

❸上司の携帯電話に連絡し、上司の机の上にある書類を渡してもいいとの返事をもらったら渡す。

❹課長が判断できるかもしれないので、ちょっと待ってもらい、課長に机の上の書類を渡してよいかどうか聞きにいく。

❺上司がいま不在で確認がとれないので、今すぐには渡すことができないという。

問題2

check! □□□

秘書Aの上司が急に出張することになった。次は、出張の準備にあたってAが上司に確認したことである。中から不適当なものを選びなさい。

---

❶出張の理由は何か。

❷宿泊先の希望はあるか。

❸利用交通機関の希望はあるか。

❹同行者は誰かいるのか。

❺手土産は必要か。

問題3

check! □□□

秘書Aが出社すると、スケジュール表にAの知らない面談のスケジュールが書き込まれてあった。上司が入れたものらしいが、面談と社内会議が重なってしまっている。Aはどのような対応をすればいいか。中から適当なものを選びなさい。

---

❶上司が出社する前に会議担当者に連絡を入れ、「会議の日時を調整できないか」とお願いする。

❷上司の出社前に会議担当者に連絡を入れ、「上司は会議を欠席すると思う」と伝える。
❸出社した上司に「なぜ、いつ面談を入れたのか」と確認する。
❹出社した上司に「面談時間が会議と重なるが、どうするか」と聞く。
❺上司が面談を優先する場合、席次を決めるために「上司と面談者はどちらが年上か」と聞く。

問題4
check! □□□

上司（部長）が外出中、専務からの電話で「D社との取引状況を急いで知りたいのだが、部長と話せないか」と聞いてきた。部長秘書のAは「部長は外出中」といった後、どのような対応をすればいいか。次の中から不適当なものを選びなさい。

---

❶「急ぎならD社に問い合わせようか」と聞いた。
❷「○○時には戻ってくるが、急ぎということなら携帯電話に連絡しようか」と聞いた。
❸「とりあえず必要な資料を探してみるが、よいか」と聞いた。
❹「○○時には戻ってくるが、それまで待ってもらうことはできるか」と聞いた。
❺「課長が事情を知っているので、課長に代わってもよいか」と聞いた。

問題5
check! □□□

秘書Aが上司（部長）の退社後の机を片付けようとすると、「秘」の印が押された文書が机の上に置かれたままになっていた。このとき、Aの対処として適当なものを選びなさい。

---

❶文書を伏せて「秘」の文字が見えないようにして、机の端によせておいた。
❷書類を置いたままにしたのは上司なので、そのままにしておいた。
❸上司に電話して、「秘」文書が置かれたままだがどうするかと指示を仰いだ。
❹上司の机の鍵のかかっていない引き出しにしまい、翌日上司に渡すことにした。
❺鍵のかかるキャビネットにしまい、翌日上司に渡すことにした。

問題6
check! □□□

秘書A子は、社外会議の案内状を発送した後、会場の部屋番号の間違いに気がついた。案内状の作成は同僚のBに頼み、Aが確認したがチェック漏れがあったようだ。Aは上司に報告し、詫び状とともにもう一度案内状を送付することにした。この場合、詫び状の発信者は誰にすればよいか。次の中から適当なものを選びなさい。

---

❶文書作成を担当したのはBなので、Bの名前で送る。

解答と解説はP.63～64にあります。

❷Bのミスであるが、本来の担当者はAなのでAの名前で送る。
❸Bのミスだが、Aも見落としているので、AとBの連名にする。
❹案内状と同じ上司の名にする。
❺上司名で送り、AとBの名前を小さい字で併記する。

問題 7
check! □□□

秘書Aは、上司から常務に届けるようにと書類を渡された。Aはすぐに常務の秘書に書類を手渡したが、数日たって上司から「常務は書類を受け取っていないようだ」と言われた。次は、このようなことをなくすためにAが考えたことである。中から適当なものを選びなさい。

---

❶常務の秘書に渡した後に、直接常務に書類を受け取ったかどうかを聞けばいいのではないか。
❷書類を渡すときには「文書受け渡し簿」に受領印をもらうようにしたらどうか。
❸今後、常務あての書類は秘書を通さず上司から直接渡してもらうようにしようか。
❹常務の秘書に書類を渡したときは、受け取ったことをメモに一言書いてもらうようにしたらどうか。
❺常務の秘書に書類を渡したときは、書類が常務に渡った時点で受け取ったと上司に連絡してもらったらどうか。

問題 8
check! □□□

秘書Aが今日中に仕上げると指示のあった資料を作成していると、上司から至急S社へ書類を届けてほしいと頼まれた。今から書類を届けにいくと今日中に資料を終わらせることができなくなる。このような場合、Aはどのように対応するのがよいか。次の中から適当なものを選びなさい。

---

❶すぐに届けにいくが、資料作りを誰かに手伝ってもらってよいかと上司に相談する。
❷すぐに届けにいくが、資料作りは誰かにお願いすることになると上司にいう。
❸資料作成を今日中に仕上げなければならないので、資料を届けるのはほかの人に頼んでもらいたいと上司にいう。
❹届けることは届けるが、先に資料作成を済ませてからではだめかと上司に聞いてみる。
❺すぐに届けにいくが、資料作成のために残業することになる、と上司に断っておく。

問題 9
check! □□□

次は、秘書Aがよい仕事の進め方として考えたことである。中から不適当なものを選びなさい。

---

❶丁寧さも大切だが、仕事は効率を考えて行うべきではないか。
❷仕事を中断する場合、付箋を貼るなどして、またすぐに取りかかりやすいようにしたらよいのではないか。
❸できることは期限に余裕があっても早めに終えておくと、後で急な仕事が来たときもすぐに対応できるのではないか。
❹仕事のやり方や判断に迷ったら、仕事のスキルアップのためになるべく自分で考えるようにしないといけないのではないか。
❺昼食に行く途中で郵便物をポストに入れるなどして、少しの空き時間も有効に使うように工夫すればいいのではないか。

問題10
check! □□□

Aの上司が常務と面談中、取引先の支店長が転任のあいさつに来訪した。このような場合のAの対応について、適当なものを選びなさい。

❶転任のあいさつは時間がかからないので、面談中の上司にメモを渡して取り次ぐ。
❷転任のあいさつは時間がかからないので、面談中の上司に口頭で伝えて取り次ぐ。
❸上司は面談中なので代わりの者が応対させてもらうがどうか、と尋ねる。
❹上司は手が離せないので、私が代わりに応対する、と言う。
❺上司は手が離せないので後でこちらから連絡させてもらう、と言う。

おさらいテスト 解答と解説

問題1 ❶

❶ それらしい書類があったということだが、上司の確認がとれないのに相手に確認してもらうのは不適当。ましてや上司の了承なく渡してはならない。

問題2 ❶

❶ Aが確認するのは出張の準備に必要なこと。出張の理由は不要。

問題3 ❹

❶ 秘書の判断で会議の変更や調整をお願いすることはできない。
❷ 推測で「会議を欠席する」と伝えるのは不適当。❹のように、どちらを優先するのか上司に意向を確認するのが先である。
❸ 面談を「なぜ」「いつ」決めたのかは、スケジュール調整に必要なことではない。スケジュール管理に必要なことだけを聞けばよい。

❺ 客には常に上座に座ってもらい、先にお茶を出すものである。客のほうが年上であるかどうかは、意味のない情報である。

問題4 ❶

やむを得ずD社に問い合わせる場合もあるが、❷～❺の対応のように社内のことはなるべく社内で解決するべきである。

問題5 ❺

「秘」文書が机の上に置かれたままになっているので、人目のつかないところにしまわなければならない。その場合、鍵のかかっているキャビネットが適当である。

問題6 ❹

案内状とともに詫び状も上司が発信者である。このように、秘書のミスは上司のミスになることを十分理解しておくこと。

問題7 ❷

大切な書類・郵便物・お金の受け渡しは、受け渡し簿を使って行うのがビジネスでは確実でスマートな方法である。

問題8 ❶

Aは、上司の指示通りに至急書類を届け、資料作成もなんとか今日中に作成することを考えることになる。その際、❶のように案を考えて上司に提案するのは適当。
❷❸❺のように上司に指示したり決めつけたりするような言い方は不適当。
❹至急資料を届けなければならないのに「先に資料作成を済ませてもいいか」と聞くのは不適当。

問題9 ❹

❶ 仕事を進めるときに丁寧さは大切だが、期限などを考えて効率や時間の早さを優先しなければならないこともある。
❷ 付箋などを貼っておくと、どこから仕事を再開したらいいかがわかって仕事の効率がよくなる。
❹ 仕事のやり方や判断に迷ったときは、時間のロスを防ぐためにもできるだけ早く先輩や上司に相談したほうがいい。

問題10 ❷

❶ 転任のあいさつはこれまでお世話になったお礼という意味で大切なあいさつである。上司が会社にいて会うと判断すれば、面談中であっても席をはずし、本人が直接受けることが多い。ここでは上司の面談の相手が常務で社内の者である。取り次ぎはメモでなく口頭でよい。

Part3

理論編　一般知識

試験の形式

選択式問題 **3問出題** ➡ 目標正答数は **2問**

試験問題の傾向

- 管理職である上司の仕事を理解し、よい補佐をするために必要な一般常識・会社の知識などが問われます。
- カタカナ用語、経営全般の知識（経営管理・人事・労務など）がよく出題されます。ただ、その言葉にどういった意味があるのかを知っておけばよく、深い知識はそれほど求められません。

試験対策と勉強法

- まず本書に出てくる用語をくり返し学習するのが基本。そして過去問題で出てきた言葉はすべてチェックしておきましょう。問題を解きっぱなしにするのではなく、選択肢に出てきた言葉すべてについて意味を確認しましょう。
- 同じ用語でも、試験回によって違った組み合わせで表現されることがあります。用語は丸暗記してよいのですが、できればいくつかの表現で覚えておきましょう。
- 新聞などにマメに目を通す習慣をつけましょう。最新用語が出題されることがあります。

出題ランク ★★☆

1 社会常識

過去には季節、祝日、数字、時期などに関する問題が出されています。ビジネス用語に限らず、中学卒業程度の社会常識を幅広く覚えておきましょう。

祝日の名前と季節の言葉

祝日の名前とここで取り上げた季節を表す言葉は、常識として覚えておきましょう。文書を書く際に必要となる場合がよくあります。

国民の祝日

祝日名	月　日
□元日	1月1日
□成人の日	1月の第2月曜日
□建国記念《けんこくきねん》の日	2月11日
□天皇誕生日	2月23日
□春分《しゅんぶん》の日	春分日（例年3月21日ごろ。昼と夜の長さがほぼ同じになる）
□昭和の日	4月29日
□憲法《けんぽう》記念日	5月3日
□みどりの日	5月4日

祝日名	月　日
□こどもの日	5月5日
□海の日	7月の第3月曜日
□山の日	8月11日
□敬老《けいろう》の日	9月の第3月曜日
□秋分《しゅうぶん》の日	秋分日（例年9月21日ごろ。昼と夜の長さがほぼ同じになる）
□スポーツの日	10月の第2月曜日
□文化の日	11月3日
□勤労感謝《きんろうかんしゃ》の日	11月23日

主な季節を表す言葉

□松《まつ》の内《うち》	正月の松の飾りを立てている期間のこと。1月7日から15日ごろまで。
□節分《せつぶん》	立春の前日で、冬と春の分かれ目。
□立春《りっしゅん》	2月4日ごろで、寒さも峠を越えて春の気配がする。
□彼岸《ひがん》	春分と秋分の前後3日、計7日の期間のこと。

□八十八夜《はちじゅうはちや》	立春から数えて 88 日目で、5月2日ごろ。
□立夏《りっか》	夏の気配が感じられる5月6日ごろ。
□入梅《にゅうばい》	梅雨の雨が降り始める5月下旬から6月上旬ごろ。
□夏至《げし》	昼の長さが一年中で最も長くなる。6月 21 日ごろ。
□土用《どよう》	立春、立夏、立秋、立冬の前 18 日間を指す言葉。現在は、立秋前の夏の土用（7月下旬から8月初旬）をよく用いる。
□立秋《りっしゅう》	秋の気配が感じられるころ。8月 7 日ごろ。
□二百十日《にひゃくとおか》	立春から数えて 210 日目をいう。9月1日ごろ。
□立冬《りっとう》	冬の気配が感じられる 11 月7日ごろ。
□冬至《とうじ》	昼が一年中で最も短くなる。12 月 21 日ごろ。

時期や期間の数え方・考え方

ここで紹介する時期や期間の数え方は、打ち合わせや書類などでよく使われる言葉です。正確に覚えておきましょう。

仕事で使われる時期や期間の数え方　よく出る！

□終日《しゅうじつ》	一日中。朝から晩まで。	□一両日《いちりょうじつ》	一日または二日。
□隔日《かくじつ》	一日おき。	□隔週《かくしゅう》	一週間おき。
□隔月《かくげつ》	ひと月おき。	□隔年《かくねん》	一年おき。
□上半期《かみはんき》	1年を2等分したときの、前半の6カ月（上期《かみき》ともいう）。		
□下半期《しもはんき》	1年を2等分したときの、後半の6カ月（下期《しもき》ともいう）。		
□上旬	ひと月のうち1日～ 10 日のことで、初旬ともいう。		
□中旬	ひと月のうち 11 日～ 20 日のこと。		
□下旬	ひと月のうち 21 日～末日のこと。		
□足かけ○年	その年数が経ってはいないが、端数を入れて表す数え方。例「経験は足かけ4年」：4年間は経っていないが、3年間は過ぎているということ。「4年目に入っている」とも表す（足かけ○ヵ月も同じく「○ヵ月近く」）。		
□満○年・月	その年月を満たしていること。例「満4年になる」：4年間経っているということ。「丸《まる》4年」とも表す。		

出題ランク★★★

2 カタカナ用語・略語

カタカナ用語は毎回出題される分野です。出題範囲は広く、同じジャンルの言葉、または語頭や語尾が似た言葉から選択させる傾向がみられます。言葉の意味を簡潔にかつ正確に覚えるようにしましょう。

カタカナ用語

人に関する用語、テレビや新聞で取り上げられる時事用語や経済用語は、秘書業務を行ううえで覚えておくことが必要です。語頭や語尾が似た言葉は、特に意味を取り違えやすいので、それぞれの意味と違いを頭に入れておきましょう。

新聞やテレビで知ったカタカナ用語は、その都度、意味を把握することを習慣づけておくとよいでしょう。

人に関するカタカナ用語

□アマチュア	素人。職業ではなく趣味で携わる人。⇔プロフェッショナル
□エージェント	（交渉などの）代理人。旅行代理業者など、代理店のこと。
□エキスパート	専門家。
□エグゼクティブ	経営幹部。重役。
□エコノミスト	経済の専門家。経済学者。
□オーソリティー	専門の道に通じて権威を持つ人。権威。
□オーナー	会社、土地などの所有者。
□オブザーバー	会議などで議決権はないが発言権はある人。
□オペレーター	機械やコンピューターの操作係。
□クライアント	顧客。依頼主。
□クリエーター	創造的な仕事をする人。芸術、広告、出版の業界でよく用いられる。
□コーディネーター	物事を調整したり、まとめたりする人。また、その職業。 例 インテリア・コーディネーター。
□コメンテーター	テレビのニュースなどの解説者。評論家。

□コンサルタント	専門的な立場から指導や助言をする人。
□サポーター	支援する人。チームなどを応援する人。
□スポンサー	後援者。出資者。民間放送の番組提供者。
□ビジター	訪問者。ゴルフクラブなど会員制のクラブの会員以外の利用者など。
□マネージャー	ホテルなどの支配人。運動部や芸能プロダクションなどでチームやタレントの世話をする人。

経済活動でよく使われるカタカナ用語

□アウトソーシング	外注。外部委託。
□アポイントメント	予約。面会予約。 例 取引先とのアポイントメントが入る。
□イノベーション	技術革新。
□オプション	選択権。自由選択。 例 このプラン旅行はオプションで夕食付にできる。
□キャンペーン	商品を売るために一定期間行う宣伝活動。
□クレーム	苦情。 例 消費者から商品のクレームが来る。
□コスト	費用。生産原価。経費。
□コストパフォーマンス	生産原価あたりの性能。費用に対する効果の割合。
□スケールメリット	規模を大きくしたり、大量生産することによって経営上有利になること。
□ターゲット	目標。標的。販売対象となる顧客層。 例 この商品のターゲットは女子中高生だ。
□ダンピング	採算を無視した低い価格で販売すること。投げ売り。
□プロモーション	推進。奨励。 例 セールス・プロモーション
□リスクヘッジ	危機（リスク）への対応策。
□レート	割合。相場。

その他のカタカナ用語

□アソシエーション	協会。組合。団体。
□イニシアチブ	主導権。率先すること。
□コミッション	委任。委託業務の手数料。委員会。

□ダイジェスト	要約したもの。
□トライアル	試み。
□ノンバンク	非銀行金融機関。預金受入れ業務などを行わない金融機関。リース会社、クレジット会社など。
□パテント	特許。
□バリュー	評価。価値。　例 あのホテルはネーム・バリューがある。
□ファンド	基金。投資信託。
□メンテナンス	維持。保守すること。
□ロイヤリティ	特許権などの使用料。

語頭や語尾が似た言葉

□アウトライン	輪郭。概要。
□デッドライン	最終期限。限界線。
□ボーダーライン	境界線。合否などの分かれ目。
□ライフライン	電気・ガス・水道などの生活に必須の設備。
□ガイドライン	政策などの指針。指標。

□コンセプト	ものの考え方。商品や作品をつくるもととなった観点。
□コンセンサス	合意。
□コンタクト	接触。
□コンテンツ	目次。情報の内容。
□コンペティション	競争。競技。略してコンペと通称されることもある。
□コンベンション	見本市。集会。

□グレードアップ	等級、性能、品質や格式を上げること。
□バックアップ	支援すること。デジタルデータなどを複製して保存すること。
□ランクアップ	等級や階級を上げること。⇔ランクダウン
□タイアップ	提携。協力。　例「A社とB社がタイアップする」
□ボトムアップ	下部組織からの意見を重視する経営管理方式。⇔トップダウン

□アウトプット	コンピューターなどで出力すること。仕事の結果。成果物。
□ドロップアウト	脱落。管理社会の枠からはみ出ること。 例 出世コースからドロップアウトする。
□カミングアウト	人に知られたくないことを公表すること。

□コストダウン	生産原価を下げること。
□トップダウン	上層部の意思決定を重視して、下部組織に指示する管理方式。⇔ボトムアップ
□プライスダウン	商品の価格が下がること。
□ダウンサイジング	設備などを小型化すること。

□リアクション	反応。
□リサーチ	調査。
□リザーブ	予約。
□リニューアル	改装。
□リミット	限界。限度。

略語

略語には、長い言葉を省略したものや、欧文の最初の文字をとって簡略化したものなどがあります。ここでは、欧文の最初の文字をとって簡略化した略語の中から一部を説明します。

知っておきたい略語

□ DM	ダイレクト・メールの略。企業が特定の消費者に直接手紙やリーフレットなどを送る広告のこと。
□ JIS	日本産業規格のこと。工業製品の規格や仕様などを定めた日本の国家規格。
□ LAN	ローカル・エリア・ネットワークの略。建物内やフロア内などの社内での情報ネットワークのこと。
□ M&A	企業の買収・合併。
□ OA	オフィス・オートメーションの略。オフィスの事務作業をコンピューターに作業させて、効率化をはかること。また、パソコン、コピー機、FAX などの、OA に使うコンピューターのことを OA 機器という。
□ OS	オペレーティング・システムの略で、パソコンを動かすための基本ソフト。主な OS に Windows や Mac、Linux などがある。
□ SA	ストアオートメーションの略。POS システムなどによって、小売店舗経営の自動化・省力化を図ること。

出題ランク★☆☆

3 会社の種類と株式会社

出題率はそれほど高くありませんが、会社のしくみを理解するために必要な知識なので押さえておきましょう。なかでも株式会社に関する問題が過去に出題されています。

会社の種類

会社法により、会社には株式会社、合同会社、合資会社、合名会社の４種類があります。

	株式会社	持分会社		
		合同会社	合資会社	合名会社
出資者	株主	社員	社員	社員
出資者の責任範囲	有限責任	有限責任	有限責任社員と 無限責任社員で構成	無限責任
出資証券	株式を発行	発行しない	発行しない	発行しない
議決機関	株主総会	社員総会	無限責任社員過半数の議決	

会社に関する用語

□株式会社	株主に株式を発行することによって事業資金を調達する会社。
□持分会社《もちぶんがいしゃ》	株式会社が株主に株式を発行するのに対し、持分会社とは社員が個々に出資して会社を運営する形態。
□有限責任	負債が出た場合、出資額の範囲内で責任を負うこと。
□無限責任	負債が出た場合、会社が払いきれない負債は個人の全財産をかけて責任を負うこと。
□出資	会社の事業を行うために、資本を出すこと。
□定款《ていかん》	会社の名称、住所、発行株式、事業目的やその形態など、会社の基本的内容を定めたもの。株式会社の場合、定款の変更は株主総会で可決されることが必要。

株式会社の特徴

株式会社には次のような特徴があります。

- 株主（出資者）から資金を集めて事業を行う。
- 経営と分離して資金を調達できるので、自己資金がなくても株式を発行することによって事業を行うことができる。
- 株主の責任は、出資額を限度とする有限責任。一般に株の売却譲渡は自由。
- 会社の意思決定は株主総会で行われる。そこで選任された取締役が、取締役会を組織して経営にあたる。

株式会社に関する用語

□上場《じょうじょう》	証券取引所で株式が売買されること。取引が許可されるには一定の条件・資格（上場基準）を満たさなければならない。上場した会社を上場会社という。
□株式	資本の構成単位。株券のこと。
□出資者	株式会社の場合、株主。会社の株式を買うことによって、会社経営に必要な資金を出資する人。
□資本金	事業にあてるお金のこと。
□増資《ぞうし》	事業拡大や設備投資などの目的で、株式会社が資本金を増やすこと。
□減資《げんし》	会社の赤字などを埋めるために、会社が資本金を減らすこと。
□社債《しゃさい》	会社が、必要な資金を借り入れるために発行する債券のこと。事業債ともいう。
□配当	利益を上げた株式会社が、その利益を株主に配分すること。配当が増加した場合は増配《ぞうはい》、減った場合は減配《げんぱい》、配当できない場合を無配という。
□株主総会	株主で構成される、株式会社の意思決定の最高機関。決算期ごとに開く定時株主総会と、臨時の際に開かれる臨時株主総会とがある。取締役・監査役の選任・解任、決算案の決定、定款の変更の決定などが決議される。株主総会の開催に関わる事務を担当する部署は、総務部になる。
□監査役	企業の会計監査と業務監査（取締役の不法行為の監査）を行う権限をもつ。
□取締役	株式会社の経営を任された役員のこと。会社経営の意思決定は、取締役が集まった取締役会で決定される。取締役は、一般的に地位の高い順に社長、（副社長）、専務、常務となる。会長は、社長より地位が高いこともあれば、名誉職で取締役外のこともある。
□代表取締役	会社を代表する取締役のことで、社長を指すことが多い。
□持ち株会社	他の株式会社の株式を保有することで、その会社を自分の傘下に入れること。ホールディング・カンパニーともいう。

出題ランク ★★☆

4 会社の経営

ここで解説する経営管理の基礎用語は理解しておきたいものです。特に経営に関するカタカナ用語は、試験でもたびたび出題されています。できれば最新の経営用語もチェックしておきましょう。

会社の経営組織

会社は、効率的に仕事を進めるための組織づくりをする必要があります。日本では、次に挙げるピラミッド型の組織形態がよく見られます。

ピラミッド型組織

会社組織は、トップマネジメントを頂点としたピラミッド型になっている。企業の命令が上から下へと伝達され、権利の範囲や責任の所在が明確である。

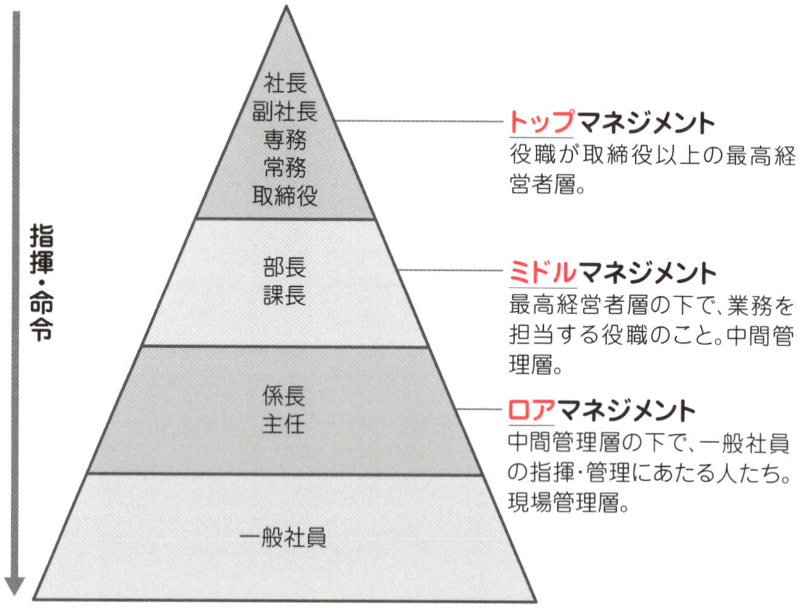

指揮・命令
社長
副社長
専務
常務
取締役
部長
課長
係長
主任
一般社員
トップマネジメント
役職が取締役以上の最高経営者層。
ミドルマネジメント
最高経営者層の下で、業務を担当する役職のこと。中間管理層。
ロアマネジメント
中間管理層の下で、一般社員の指揮・管理にあたる人たち。現場管理層。

経営に関する用語

□PDS サイクル	経営管理の基本機能。経営管理には、①計画する（Plan）→②実施する（Do）→③検討する（See）の３つの機能をうまく循環させることで成り立っている。このサイクルを、３つの機能の頭文字をとってこのように呼ばれている。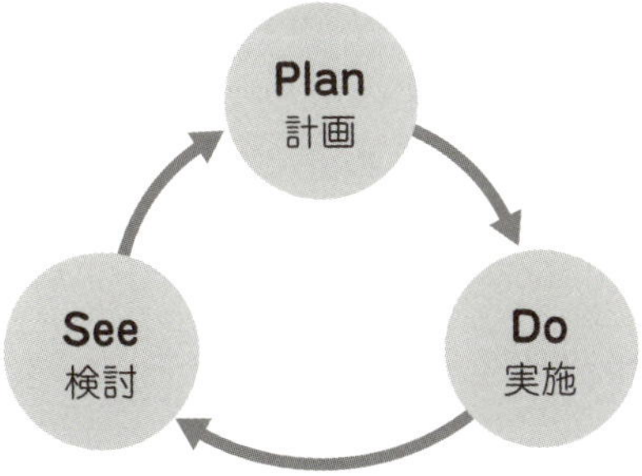
□会社	利益を追求して事業を行う法人。
□法人	法律上の手続きを経て組織された人格をもった団体のこと。
□企業	法人、個人に限らず、営利を目的として経済活動をする組織体のこと。
□増益《ぞうえき》	企業の利益が増えること（増収《ぞうしゅう》は売上が増えること）。
□減益《げんえき》	企業の利益が減ること（減収《げんしゅう》は売上が減ること）。
□増産	生産量を増やすこと。⇔減産
□外注	外部委託の意味。業務の一部を他の企業に請け負わせたり、生産ラインに必要な部品を社外から調達したりする経営手法。アウトソーシングともいう。
□マーケティング	市場調査→製品開発→価格設定→販売促進→広告宣伝→流通政策→アフターサービス…という商品を売るための一連の活動。
□市場調査	消費者の好みや動向を調べ、新製品や新サービスの開発に結びつけること。マーケットリサーチともいう。
□マーチャンダイジング	市場調査にもとづいて、消費者の要求に合うような商品を、適正価格、適切な時期、適正な数量、適切な相手に販売するまでの活動。商品化計画ともいう。略して MD と書く。
□セールスプロモーション	販売促進活動。ダイレクトメール（DM）、イベントとのタイアップなど。
□パブリシティ	販売促進活動の１つで、事業や製品の情報をメディアに提供して取り上げてもらうように働きかけること。
□アフターサービス	商品を販売した後も修理・点検・苦情などに応じるサービスのこと。

出題ランク★★★

5 人事・労務

人事・労務は、社会人なら知っておかなければならない知識です。出題率が高いので、一つひとつの言葉の意味を正確に覚え、他の言葉との関連も把握しておくことが必要です。

人事管理と労務管理

会社は、利益を上げて企業目的を達成するためにも一人ひとりの従業員の能力を十分に引き出していかなければなりません。そのために、人事考課《じんじこうか》（次ページ用語参照）などの判断基準にもとづいて、個々の能力に応じた適切な人員配置や昇給などを行います。これを人事管理といいます。

また、社内の福利厚生、労働条件などの制度を改善することで従業員のモチベーションを高めて、結果的に仕事の業績アップへとつなげていきます。これを労務管理といいます。

人事管理と労務管理は同時に進めることで効果が高まります。人事や労務に関する業務は、総務部、人事部、労務部などが担当します。人事と労務は重なるところもあるため、同じ部署が行っている会社も多くあります。

人事管理
採用・配属・昇格・降格・教育訓練などを管理。
労務管理
福利厚生・労働条件・賃金制度・教育制度の整備、労働組合との折衝の窓口。

労働三法

労働三法とは、労働者の権利を守る労働基準法、労働組合法、労働関係調整法の三法のことです。

□労働基準法	労働時間・休憩・休日・残業手当など労働条件に関する最低基準を定めている。就業規則や災害補償も規定している。
□労働組合法	労働者の団結権・団体交渉権・団体行動権を定めている（労働者のこの３つの権利を労働三権という）。
□労働関係調整法	労働争議の予防と解決、労働関係の公正な調整を目的としている。

人事・労務に関する用語

□就業規則《しゅうぎょうきそく》	労働条件、人事制度、服務規則などを定めた会社規則。
□人事考課《じんじこうか》	従業員の業務遂行状況や能力、成績、態度などを一定の基準で査定すること。
□年功序列制《ねんこうじょれつせい》	原則として従業員の年齢と勤続年数によって処遇が決まる制度のこと。年功とは、長年の功績や功労のこと。日本的経営の特徴とされる。
□終身雇用制《しゅうしんこようせい》	採用した従業員を途中で解雇せず、定年まで勤務させる制度。日本的経営の特徴とされる。
□OJT	On the Job Training の略。現場での実践を通して行う教育訓練。
□人事異動	人事考課などをもとに従業員を適切に異動させること。昇進、転勤、出向など。
□配置転換	さまざまな経験を積ませるために従業員の職務を一定期間ごとに変えること。ジョブ・ローテーションともいう。
□内定	採用などが内々に決まること。
□内示	公表する前に、関係者だけに通知すること。
□辞令	地位・役職などを任せたり、辞めさせたりするときに、そのことを書いて本人に渡す文書。
□出向《しゅっこう》	親会社に籍を置いたまま、関連企業に長期間出向いて働くこと。
□栄転《えいてん》	今までより高い地位や役職につくこと。昇進。⇔左遷《させん》
□転勤	人事異動によって、違う勤務地に配属されること。
□単身赴任	転勤などで自宅通勤ができなくなり、家族を残して従業員が単身（一人）で勤務地へ赴任すること。
□昇給	給料が上がること。⇔降給・減給
□賞与	ボーナスなど、業績や勤務年数などに応じて臨時的に支払われる給与のこと。
□昇格	役職以外の資格、等級が上がること。⇔降格
□解雇	会社が従業員の雇用契約を解除すること。⇔採用
□離職	解雇や失業、退職などで会社を辞めること。
□福利厚生《ふくりこうせい》	会社が従業員の生活の充実や健康管理のために、さまざまな支援をすること。健康診断、住宅手当、保養所、社員食堂など。
□有給休暇	休んでも出勤したものと扱われて賃金が支払われる休暇のこと。労働基準法により定められている。

出題ランク★★☆

6 企業会計・財務

３級では、企業会計と財務の細かなしくみは問われません。関連する用語の組み合わせが適当かどうかを問う問題がよく出題されます。どの用語とどの用語が関連しているかをしっかり押さえておきましょう。

企業会計と財務

企業の経営活動による取引を、記録・計算し、報告することを**企業会計**といいます。一方、**財務**は、日々のお金の流れの管理、資金の調達・運用の管理を指します。企業会計は**経理部**が、財務は**財務部**が担当しますが、企業会計と財務の関係は強いので、小さな企業では経理部が企業会計と財務を担当していることもあります。

企業会計・財務に関する用語

決算・財務に関する用語

□決算	一定期間で企業の取引を締めくくり、収入と支出、利益と損失を算出して、経営状態や企業の成績を明らかにすること。
□連結決算	親会社と子会社、関連会社を、１つのグループとしてまとめて経営内容を明らかにする決算方式。
□四半期決算	１年を、３カ月ごとに４期に分け、それぞれ決算を行うこと。上場企業に義務づけられている。最初の３カ月が第１四半期で、３カ月ごとに第２四半期、第３四半期、第４四半期と数える。
□上半期・下半期	１年の特定の月から前半の６カ月を上半期、後半の６カ月を下半期という。決算の場合１年を１期とすると、前期を上半期、後期を下半期とする。

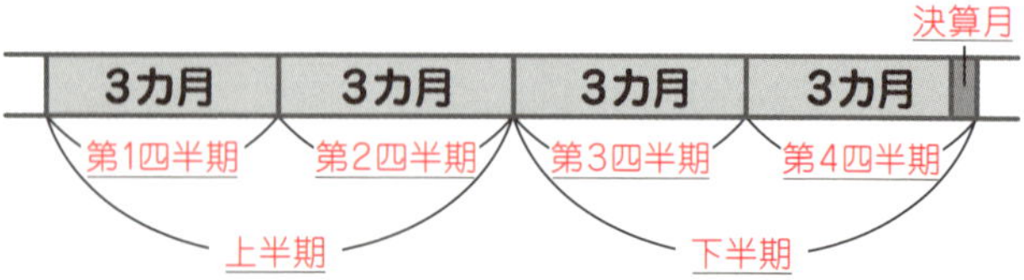

決算月
3カ月
3カ月
3カ月
3カ月
第1四半期
第2四半期
第3四半期
第4四半期
上半期
下半期

□財務諸表《ざいむしょひょう》	企業活動の取引の計算結果を、利害関係者に公表するために作る書類。貸借対照表や損益計算書などがある。

貸借対照表に書かれている項目

□資産	企業がもっている財産や権利のこと。現金、建物、土地など。
□負債	企業が返済しなければならない債務のこと。借入金など。
□純資産	資産から負債を差し引いた残額。資本ともいう。

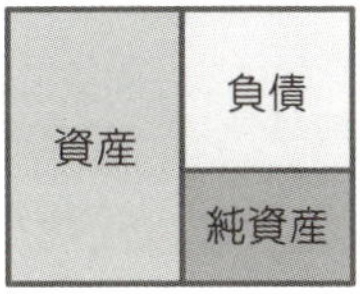

損益計算書に書かれている項目

□収益	企業の営業活動によって獲得する売上や配当金などのこと。
□費用	企業の営業活動で発生した材料費、人件費、交通費などのコストのこと。
□利益	収益から費用を引いた額(黒字の場合)。⇔損失（赤字の場合）
□損失	利益を失うこと。

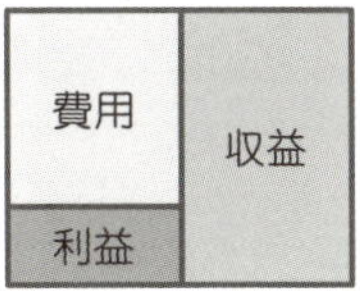

□債務	相手に一定の財産や金銭を給付する義務を負うこと。⇔債権
□債権	相手に一定の財産や金銭を請求する権利をもつこと。⇔債務
□融資	金融機関が資金を貸し出すこと。
□督促《とくそく》	借金の支払いなどを催促すること。
□抵当	借金をする際に、相手方に自分の財産や権利を保証としてあてること。担保。
□マージン	手数料。
□割増	一定の割合で金額を上乗せすること。⇔割引
□割引	一定の割合の金額を差し引くこと。⇔割増
□繰越金	決算後、その金が次の時期に繰り越されるもの。繰越利益金と繰越損失金がある。
□金利	貸し借りしているお金にかかる借賃(貸し賃)。借りている期間によって金額が変わる。
□年利	１年当たりの割合の金利のこと。
□手付金	物を売買または貸し借りする際に支払う前払金のこと。買う側（借りる側）がその契約をきちんと行うということを保証するためのもの。
□為替レート	為替相場。自分の国の通貨と外国通貨との交換比率。

会社の取引で交わされる契約文書の名称

□見積書	工事などをする際、おおよそかかる費用を計算して示した文書。
□発注書	商品や作業などを注文したことを示す文書。
□受注書	注文を受けたことを示した文書。
□納品書	注文を受けたものを納めたことを示した文書。
□受領書	商品などを受領したことを知らせる文書。
□請求書	商品などを納めた代価としての支払いを請求する文書。
□領収書	代金などを受けた証として支払者に渡す文書。

出題ランク ★☆☆

7 税務

3級では税務はあまり出題されませんが、納税者である社会人としての最低限の知識は押さえておきたいものです。税金は、主に直接税と間接税、国税と地方税に区分されます。

税金の主な区分

税金にはいくつか分類方法があります。税金を直接納めるか間接的に納めるかで分類した直接税と間接税という分類、また、国に納めるか都道府県や市町村に納めるかで分類した国税と地方税という分類を覚えておきましょう。

直接税と間接税

<table>
<tr><td>□直接税</td><td>税金を納付しなければならない人が、直接国や地方に対して支払う税金。
例 所得税、法人税、相続税、贈与税、都道府県税、市町村税などがある。

</td></tr>
<tr><td>□間接税</td><td>税金を納付しなければならない人が、間接的に国や地方に支払う税金。
例 消費税、酒税、市町村たばこ税など。

</td></tr>
</table>

国税と地方税

□国税	国に対して支払う税金。所得税、法人税など。
□地方税	都道府県や市町村に対して支払う税金。都道府県税、市町村税など。

税務に関する用語

主な税金

□所得税	個人の所得に対して課せられる税。[直接税・国税]
□法人税	法人の所得に対して課せられる税。[直接税・国税]
□相続税	相続する財産に対して課せられる税。[直接税・国税]
□都道府県民税	個人や法人が、住所のある都道府県に対して支払う税。都道府県民税と市町村税をあわせて、住民税という。
□市町村税	個人や法人が、住所のある市町村に対して支払う税。
□自動車税	自動車の所有者が住所のある都道府県に対して支払う税。
□固定資産税	土地･家屋･償却資産の所有者が住所のある市町村に対して支払う税。
□消費税	原則としてすべての物品･サービスの取引に課せられる税金のこと。
□酒税	アルコール分１度以上の飲料に課される税。[間接税・国税]
□事業税	事業を行う法人や個人が住所のある都道府県に対して支払う税。
□印紙税	課税文書といわれる一定の文書に対して課される税。課税文書には、記載額が10万円以上の約束手形･為替手形、土地賃貸契約書などがある。

税金の制度に関する用語

□累進《るいしん》課《か》税《ぜい》	数量あるいは金額が大きくなるほど税率が高くなる課税方式。
□源泉徴収《げんせんちょうしゅう》	企業などが従業員に給与を支払う際に、所得税をあらかじめ天引きして納めること。
□年末調整《ねんまつちょうせい》	給与所得者の所得税は、１年間の給与見込み金額で天引きされており、正確な税額との過不足が生じることがある。このため、年末に正確な所得税を算出して、過不足を清算すること。
□確定申告《かくていしんこく》	個人の場合は、前年分の所得と税額を、法人の場合は決算日から２カ月以内に法人税を税務署に申告すること。
□所得控除	所得税を計算する際、課税所得額から基礎控除、扶養控除、医療費控除などの法定の金額を差し引くこと。

よく出る

おさらいテスト

解答と解説はP.85〜86にあります。

問題1

check! □□□

次の中から「中間管理職」に当たる役職を選びなさい。

❶係長
❷専務
❸常務
❹主任
❺部長

問題2

check! □□□

次は、「監査役」について述べたものである。不適当なものを選びなさい。

❶取締役会を設置した会社では必須機関。
❷株主総会で選任される。
❸経営管理者の一人として重役の監視にあたる。
❹決算書類を監査する会計監査を行う。
❺取締役の行為を監査する業務監査を行う。

問題3

check! □□□

次の中から「スタッフ部門」ではないものを選びなさい。

❶総務部
❷経理部
❸営業部
❹人事部
❺秘書室

問題4

check! □□□

次の組み合わせの中から不適当なものを選びなさい。

❶マーケットリサーチ＝市場調査
❷コンシューマーリサーチ＝製品調査
❸マーケットシェア＝市場占有率
❹マーチャンダイジング＝商品化計画
❺セールスプロモーション＝販売促進

問題5

check! □□□

次の中から、「販売促進活動」ではないものを選びなさい。

❶マーケティング

❷パブリシティ
❸ダイレクトメール
❹セールスキャンペーン
❺タイアップ

問題 6 check! □□□

次の組み合わせの中から、不適当なものを選びなさい。

❶ソリューション＝解明
❷セクション＝部門
❸アソシエーション＝協会
❹ネゴシエーション＝討論
❺コンベンション＝集会

問題 7 check! □□□

次の組み合わせの中から不適当なものを選びなさい。

❶エージェント＝専門家
❷サポーター＝支援者
❸エキスパート＝熟練者
❹オーナー＝所有者
❺オーソリティ＝権威者

問題 8 check! □□□

次は、用語とその意味の組み合わせである。中から不適当なものを選びなさい。

❶コンプライアンス＝法令遵守
❷コンサルタント＝助言者
❸コンテンツ＝情報の内容
❹コンタクト＝情報交換
❺コンセプト＝ものの考え方

問題 9 check! □□□

次は、用語とその意味の組み合わせとして適当なものを選びなさい。

❶請求書＝依頼した商品を請求する文書
❷マージン＝商品を消費者に売るときに割引した場合の割引額
❸連結決算＝関連会社同士がまとまって企業成績を出すこと
❹督促＝ノンバンクで催促の担当者を監督するマネージャーのこと
❺債務＝金銭を貸した相手に対して金銭を返してもらう権利のこと

解答と解説は P.85～86にあります。

問題 10

check! □□□

次は、用語とその説明である。中から不適当なものを選びなさい。

❶増配＝株式の配当を増やすこと。
❷減益＝利益が減少すること。
❸増資＝株式会社が資本金を増やすこと。
❹融資＝資金を融通すること。
❺増産＝株式会社の資産が増えること。

問題 11

check! □□□

次の組み合わせの中から他とは違うものを選びなさい。

❶労働基準法＝有給休暇
❷労働組合法＝団体交渉権
❸人事異動＝ジョブ・ローテーション
❹就業規則＝服務規程
❺年功序列＝成果主義

問題 12

check! □□□

次は、「人事考課」についての説明である。中から適当なものを選びなさい。

❶従業員の人事異動について熟考する部署のこと。
❷従業員の業務遂行能力を一定の基準で査定すること。
❸教育制度や自己啓発を充実させること。
❹従業員を配置転換すること。
❺労働組合との折衝を担当する部署のこと。

問題 13

check! □□□

次の中から、「福利厚生」ではないものを選びなさい。

❶社内託児所
❷新人社員研修
❸住宅手当
❹健康診断
❺社宅

問題 14

check! □□□

次の組み合わせの中から、不適当なものを選びなさい。

❶株主総会＝総務部
❷来年度の雇用対策＝営業部
❸借入金の金利残高＝財務部

❹出張費＝経理部
❺社員教育＝人事部

問題 15

check! □□□

次の組み合わせの中から、他とは違うものを選びなさい。

❶ OJT　ー　教育訓練
❷人事異動　ー　転勤
❸降給　ー　減給
❹解雇　ー　離職
❺昇進　ー　左遷

おさらいテスト 解答と解説

問題1　❺

中間管理職（中間管理層）とはミドルマネジメントのこと。
❶❹＝ロアマネジメント（現場管理層）
❷❸＝トップマネジメント（経営者層）

問題2　❸

株式会社の監査役は経営管理を監視する立場にあるが、経営管理者ではない。

問題3　❸

営業部、販売部などは、会社に直接利益をもたらす業務を行うライン部門である。

問題4　❷

❷ コンシューマーリサーチとは、消費者を対象とした調査のこと。
❶ マーケットリサーチ（市場調査）とは、販売促進や新製品の開発のために市場を調査すること。
❸ マーケットシェアとは、ある市場のなかで、特定の商品やサービスが占める割合のこと。

問題5　❶

❶ マーケティングとは、市場調査、製品開発、価格設定、広告宣伝などの、商品を売るための一連の活動をいう。販売促進活動（セールスプロモーション）は、マーケティングの一部である。

問題6
❹

❹ ネゴシエーションは「交渉」。ネゴシエーターは「交渉人」。

問題7
❶

❶ エージェントとは「代理人」「代理店」のこと。

問題8
❹

❹ コンタクトとは「接触・連絡」という意味。

問題9
❸

❶「請求書」とは、納めた商品の代価を請求する文書。
❷「マージン」は手数料のこと。
❹「督促」は借金の支払いを催促すること。
❺「債務」は金銭を借りた相手に対して金銭を返す義務のこと。

問題10
❺

❺ 増産とは、「生産が増えること。生産を増やすこと」

問題11
❺

❶〜❹は関連する語句の組み合せ、❺は正反対の意味の組み合わせである。「年功序列」は年齢や勤続年数によって待遇が上がる、日本型経営にみられる制度。「成果主義」は欧米型の企業経営で、年齢や勤続年数などに関係なく成績によって待遇が決まる制度。

問題12
❷

人事考課とは、従業員の業務遂行能力、成績、態度などを一定の基準で査定することである。この査定結果などをもとに、人事異動が行われる。

問題13
❷

❷は人事管理に含まれる。

問題14
❷

❶ 総務部は株主関係や他の部門が行わない業務を担当する。
❷ 雇用対策は人事部が担当する。
❸ 借入金の金利の管理は、財務部が行う。
❹ 経費は経理部が管理する。
❺ 社員教育は人事部の仕事である。

問題15
❺

❶〜❹は、意味の似たものの組み合せ。
❺は反対の意味の組み合せになる。

Part4

実技編 マナー・接遇

試験の形式

選択式問題 **10問出題** ➡ 目標正答数は **7問**
記述式問題 **2問出題** ➡ すべて書くことを目標に

試験問題の傾向

◇**選択式**

- 「電話応対」「お茶の出し方」「敬語の使い方」「適切な話し方と聞き方」「慶事や弔事の知識とマナー」などさまざまな分野からまんべんなく出題されます。
- 敬語や接遇の表現は毎回出題されます。その表現が適しているか否かが問われる問題がよく出題されています。

◇**記述式**

- 敬語・接遇表現・電話の応対・慶弔の表書きに関連する内容から、毎回のように出題されます。
- ある状況のイラストを示して、「この秘書の対応で悪い点はどこか」「改善するにはどうしたらよいか」を書かせる形式が最近よく出題されています。

試験対策と勉強法

- 理論編「秘書の資質」「職務知識」を十分理解しておくと、マナーに関する知識は身につきやすいといえます。
- 敬語や接遇表現は毎回出題されます。ただ、その分野を重点的に勉強するだけではなく、出題傾向の低い分野であってもきちんと勉強しておきましょう。範囲は広いのですが、きちんと勉強すれば全問正解が可能な科目です。
- 記述式では、敬語や接遇表現を実際に書けるようにしておくことが大切です。何度も紙に書くことで理解が早まります。また、秘書としてていねいに書くことが大切です。

出題ランク★★★

1 あいさつ・立ち居振るまい

感じのいいあいさつと立ち居振るまいは、円滑な人間関係づくりの基本です。あいさつの効用、お辞儀のしかたなどは試験でもよく出題されます。

人間関係をよくするコツ

良好な人間関係は、仕事の能率を上げるための大切な要素です。ただし、マナーや職場のルールを守るというテクニックだけでは人間関係はうまくいきません。誠意をもって相手に接し、言葉遣いや動作でその気持ちを表すことで信頼を得ることができるのです。

あいさつの効用

人間関係をよくするために、あいさつは欠かせません。あいさつには次のような効用があります。

- 相手に敬意を持っていることを示すことができる。
- 相手に感じのよい印象を与える。
- 相手がこちらに親近感を持ってくれるようになる。
- 場がやわらぎ、周囲の人も自分に感じのよい印象を持つ。

こんなときどうする?

よく出る!

社内で顔見知りの人に会ったが、相手がこちらに気づいていないときはどうする?

●自分がいることを知らせるために、声をかけてあいさつする。

➡ ✕ すすんであいさつをするのはよいが、「自分がいることを知らせるために行う」のは誤り。あいさつは自分をアピールするためでなく、人間関係を良好に保つために行うものである。

●相手が気づくのを待ってからあいさつをする。

➡ ✕ 相手が気づかずともあいさつはするものである。

美しい立ち居振るまい

美しい立ち居振るまいは、周りによい感じを与えます。

- 席を離れるときは、いすを机の下におさめる。
- お茶を飲むときは、茶わんを両手でもつ。片手で茶碗をもち、もう片手の上に茶碗を置くようにする。

相手に敬意を示す立ち居振るまい よく出る!

動作を丁寧に行うことで、相手に敬意を示していることを伝えます。

- 物の受け渡しは、両手で行う。書類などを手渡すときは、文面を相手が読める向きにして渡す。
- 名刺を受け取るときは、両手を胸の高さに上げて、押しいただくようにして受け取る。
- 呼ばれたときは、作業している手を止めて、「はい」と返事をして顔と体を相手に向ける。
- 上司など上位者が自分のところに来て話しかけてきたときは、立ち上がり、手を前で重ねて話を聞く。
- 場所などを教えるとき、片方の手の指をそろえ、手のひらを斜め上にして指し示す。
- 人を指し示すときは、片手全体で示す。人差し指だけで指すようなことはしてはいけない。
- いすをすすめるときは、片手全体でいすを指す。

周りへの気配り

よい人間関係を維持していくために、周囲への気配りを欠かさないようにします。

- お礼はすぐに言う。
- 人のうわさ話や人物評などを安易に口にしない。
- 外出などで長い間席を空けるときは、近くの人にそのことを知らせておく。自分がいない間に何かがあっても、周囲が困らないようにするため。

お辞儀の種類 よく出る!

お辞儀には３種類あります。相手や状況に応じて使い分けます。

会　釈

軽い礼。腰から上を15度くらい曲げる。

例 入室、退室のとき。先輩や上司、来客とすれ違ったとき。同僚とのあいさつなど。

普通礼

敬意を表す礼。体を30度くらい曲げる。

例 来客の送迎、上司とのあいさつなど。

敬　礼

最も強い敬意を表す礼。体を45度くらい曲げる。

例 お礼やお詫びをするとき、改まった席であいさつをするときなど。

お辞儀のポイント

- お辞儀を丁寧にするには、頭を下げるときより頭を上げるときのほうをゆっくりと行う。
- お辞儀をしたときに髪が前に垂れないように、髪はまとめておく。

よく出る! 確認テスト

check! □□□

次のうち、会釈（15 度くらい）のお辞儀をする状況として、適当なものには○、不適当なものには×をつけなさい。

❶受付で来客に、「いらっしゃいませ」と言って会釈をした。

❷混んでいるエレベーターの中で先輩に会釈をした。

❸来客を案内しているとき、廊下で他部署の部長と出会ったので、歩きながら会釈をした。

❹来客を案内している同僚とすれ違うとき、歩きながら来客と同僚に会釈をした。

❺相手に「申し訳ございません」と詫びるときに会釈をした。

❻来客にお茶を接待するとき、応接室に入る際に会釈をした。

❼「どうもありがとうございました」と言って会釈をした。

❽朝、部内で同僚に会ったので会釈をした。

解答・解説

❶ × 来客を迎えるときは、会釈ではなく、普通礼（30 度くらい）がよい。

❷ × 混んだエレベーターでは無理に体を倒すことはなく、目礼でよい。目礼とは、目線を下げて頭は軽く動かす程度の礼。

❸ × 上位の人にはすれ違うときに会釈をする。ただし、ここは自分が来客を案内している途中なのだから、社内の者へのあいさつは目礼にする。

❹ ○ 来客とすれ違うときは軽く会釈（15 度くらい）をするのが適当である。

❺ × 詫びるときは、敬礼（45 度くらい）がよい。

❻ ○ 入室・退室時は会釈をする。

❼ × お礼を言うときは、敬礼がよい。

❽ ○ 同僚へのあいさつは会釈が適当である。

出題ランク ★★☆

2 上手な話し方・聞き方

話すこと・聞くことは接遇の基本です。上手な会話のポイントや、話し方・聞き方のコツを身につけておくと、人間関係がよりスムーズになります。

上手な会話のポイント

上手な話し方・聞き方は人間関係をスムーズにします。相手に好感を抱かせる話し方・聞き方をするためには、前節で解説したあいさつや立ち居振るまいに気をつけるとともに、話し方・聞き方のマナーを身につけることが必要です。

話し方・聞き方のマナーの基本

- 相手を意識して適切な言葉遣いをする。
- 相手の人格や考え方を尊重する。
- 意見に違いが出たときも、無理に自分の考えを通そうとしない。時には自分が譲る。

上手な話し方・聞き方のコツ

上手な話し方、聞き方には次のようなコツがあります。

上手な話し方のコツ よく出る!

- 話す前に、話の要旨を自分の中でつかんでおく。
- 適度な間《ま》をおいて話す。
- やさしい言葉を選んで話す。
- ときには身振りや手振りを交えて話す。
- 一方的に話すのではなく、相手にも話を譲るようにする。

上手な聞き方のコツ よく出る!

- 相手が話しやすいように、相づちなどを打ちながら聞く。
- うなずいたりして同意の気持ちを表す。
- 話の内容に賛成できなくても、その気持ちを表すような態度はとらない。
- 話の内容に疑問をもったときは、区切りのいいところで質問する。話の腰を折らないようにする。
- 話が途切れたときは、関連した話を持ち出して話が続くようにする。
- 細かい言い回しは気にせず、相手がどんなことを言いたいかを態度、言葉の調子、表情などからも汲み取ろうとする。
- 先入観をもたずに素直に聞く。自分勝手な解釈を避ける。

こんなときどうする?

話を聞いているとき、視線をどこに向けるとよいか。

●相手の目をじっと見る。➡ ✕ 相手を見るのは大切だが、目をじっと見ているとかえって話しづらくなるので注意する。相手の目と鼻の間あたりを見るとよい。

●ときどき相手から目をそらすとよい。➡ ✕ 相手から大きく視線をそらしたり、よそ見をしたりするのは、話を聞いていないという印象を与えるので避ける。

よく出る! 確認テスト

check! □□□

次は、聞き方について述べたものである。適当なものには○、不適当なものには×をつけなさい。

❶話のわからないところは、わかったふりをせずに、後で確認するようにしている。

❷話を聞くときは、相手の目をじっと見つめてそらさないようにするとよい。

❸話に疑問を持ったら、相手に気づいてもらうために表情でそれを表すとよい。

❹前にも話したことを相手が話し始めたら、そのことを指摘してあげるとよい。

解答・解説

❶ ○ わからないところは、後で確認するとよい。

❷ ✕ 話を聞くときに相手を見ることは大切だが、相手の目をじっと見つめてそらさないでいると、かえって話しづらくなることがある。

❸ ✕ 話に疑問をもっても、それを表情に表すのはよくない。切りのいいところでさりげなく質問してみるといい。

❹ ✕ 相手が以前と同じ話を始めたからといって、それを指摘すると気まずい雰囲気になることもある。こちらが黙って聞いていればいいことである。

出題ランク★★☆

3 指示・忠告・注意の受け方

過去には「注意の受け方」がよく出題されています。忠告や注意を受けたときこそ感情をコントロールし、秘書として冷静で前向きな態度を取らなければなりません。

指示を受けるときの注意点

上司から呼ばれたときは、すぐに返事をして、メモ用紙とペンを用意して呼ばれた場所に向かいます。

指示されたことがすぐに実行できない、指示内容が2つ以上あって優先順位がわからない、といったときは、問題点を話して対応を指示してもらいます。Part1の「5 指示されたことを実行する」(P.30〜31)を参照して、指示を受けたときのポイントと対応をおさらいしましょう。

忠告・注意の受け方

上司や先輩から忠告や注意を受けたとき、次のような姿勢は秘書の立場として守らなければなりません。

心構え1　素直に聞き入れる

- 注意されたことを反省し、詫びる。
- 直し方がわからないときは、どう直せばよいかを教えてもらう。
- 感情的になったり、反発したりしない。

心構え2　「何」を注意されたのかを意識する

- 同じ失敗をくり返さないようにする。
- 注意されたことをメモしておく。

心構え3　前向きに受け止める

- 注意されたことを、その後の仕事に生かす。
- 上司や先輩が注意をするのは、自分に期待をして信頼しているからと受け止める。
- 注意されたことを、いつまでも気にしてくよくよしない。

こんなときどうする?

あることで注意を受けたが、それが相手の誤解だったときは？

●相手が注意を言い終わった後に、その場で誤解であることを話すとよい。

➡ △ その場で話すと感情的な言い方になりやすい。おだやかに伝えられればよいが、それができなければ、後日機会をうかがって誤解であることを話す。

◆慎みたい、責任回避や弁解の言葉

これも覚えておこうね

●責任回避の表現……「○○さんのご指示がよくわからなかったものですから」「手分けして書いたもので」など。

●弁解の表現……「だって」「それは」「そそっかしいものですから」「急ぎとはうかがっておりませんでしたので」など。

★★★ よく出る! 確認テスト

check! □□□

次は秘書のAが注意を受けるときに心がけていることである。適当なものには○、不適当なものには×をつけなさい。

❶上司からの注意も先輩からの注意も区別せずに同じように受け止める。

❷注意を受けた後は、反省の気持ちを示すために、仕事のしかたを変えて周りと話をせずに自分の仕事に没頭する。

❸上司の注意は誤解からきているようだったが、最後まで笑顔で聞く。

❹注意はその場でメモして最後に復唱し、メモの内容に間違いがないかどうかを確認してもらうことにしている。

解答・解説

❶ ○ 上司も先輩も関係なく、注意には同じように耳を傾けること。

❷ × 反省はいいことだが、注意を受けた後まで態度で示すことはない。むしろ気持ちを切り替え、いつもと同じように仕事をするべき。

❸ × 注意を受けたときに笑顔で聞いていると、反省していないと思われることがある。

❹ × 注意の内容はメモはしてもいいが、復唱して相手に確認してもらうものではない。

出題ランク★★☆

4 報告のしかた

報告のしかたは、理論編だけでなく、実技編でも「報告するときの適切な態度」などが出題されています。「いつ」「どのように」行うか、ポイントを覚えておきましょう。

効果的な報告のポイント

秘書にとって、報告や連絡は重要な業務の一つです。正しい報告のしかたを身につけなければなりません。

報告のポイント1　いつ報告するか　よく出る!

- 指示された仕事が終わったときに、指示をした人に直接報告する。
- 長期間の仕事の場合、途中で進行状況を報告する。
- 仕事が指示通りに行えなくなったら、すぐに報告し、相談する。
- 仕事のミス、トラブルなどはすぐに報告する。
- よくない知らせは、速やかな対処が必要なのですぐに報告する。
- 相手が忙しそうにしているときは、報告してもいいかどうかを聞いてからにする。

報告のポイント2　どのように報告するか　よく出る!

- いくつか報告がある場合は、重要な用件や急ぎの用件から先に報告する。
  まず報告件数を言うとよい。
  例「ご報告したいことが3点ございます。１点目は……」
- 結論を先に話す。
  後で、必要に応じて経過や理由を話し、内容は簡潔にまとめる。
- 事実を正確に話す。
  日時・場所・数量などのデータを把握しておく。
  自分の意見や推測は求められた場合に述べる。
  意見や推論は、事実としっかり区別する。
- 複雑な内容のものは文書で渡す。

こんなときどうする?

次のような報告は口頭でする？　それとも文書にする？

●上司が出社する前だったので、緊急を要する報告を文書にして上司の机の上に置いておいた。

➡ × 緊急性のあるものは上司に口頭ですぐに伝えるか、場合によっては上司の携帯電話に電話をして伝える。

●細部まで上司のチェックが必要な報告を順を追って報告した。

➡ × 文書でチェックすればチェックの漏れが少なくなるし、上司は仕事の合間などにいつでも目を通すことができる。

報告の姿勢

- 机をはさんで上司の斜め前に立つ。
- 両かかとをつけ、手は前で重ねる。
- 文書があるときは、両手でもつ。
- やや前傾姿勢で。

…ということでございました。
そうですか、ありがとう。

★★★ よく出る！確認テスト

check! □□□

次は秘書Aが、上司に報告するときに心がけていることである。適当なものには○、不適当なものには×をつけなさい。

❶報告をするときは、経過に沿って簡潔に事実だけを伝えている。

❷長い報告や複雑なものは、文書を作成して渡すようにしている。

❸あいまいな点があれば、事実確認をしてから報告するようにしている。

❹上司が忙しそうにしているときは、報告が込み入った内容のときでも、要点と結果を話した後は「経過や理由は省略する」と伝えて上司を気遣うようにしている。

❺上司が先輩に指示した仕事を手伝ったとき、それが終わったら上司に報告している。

解答・解説

❶ × 報告は、まず結論を述べて、後から経過、理由を伝える。経過に沿って報告すると、結論が最後になってしまう。

❷ ○ 口頭での報告が難しいものは、文書を作成して渡してもよい。

❸ ○ あいまいな点は調べておくようにする。

❹ × 上司の意向も聞かずに経過や理由を省略するのは不適当。この場合は、①時間がとれそうなときを上司に尋ねる、②いつでも見られるように報告書を文書にする、などの対応がよい。

❺ × 自分に指示した人に直接報告する。この場合は、先輩から指示されたのだから、先輩に報告する。

出題ランク★★★

5 敬語の種類と使い方のきまり

敬語と接遇表現は、毎回3～5問出題されている最頻出分野です。「敬語の種類」では、特に尊敬語と謙譲語の違いとそれぞれの語句をしっかり覚えましょう。また、記述式では普通の言い方から敬語表現に直す問題がよく出題されます。

敬語の役割

人間関係には、年齢、能力、立場、地位、経験、親しさの度合いなど、さまざまな違い（距離）があります。**敬語**は、そのような違いをもつ人たちとのコミュニケーションをはかるときに、**相手との差**（**距離**）を埋める役割をもっています。敬語を使うことで相手との差（距離）を埋めて、対等の立場で話すことができるのです。

年齢や経験、職位、親しさ、立場などの差
敬語は相手との差を埋める役割をもっている。

敬語の種類

敬語には、**丁寧語**、**尊敬語**、**謙譲語**があります。

丁寧語 よく出る!

話し方全体を丁寧にして、相手への敬意を表す言葉遣いです。

- 言葉の初めに「お」「ご」をつける。
  例 考え➡**お考え**　指導➡**ご指導**
- 語尾に「です」「ます」（敬体＝丁寧な言い方）、「ございます」（最敬体＝改まった言い方）などを使う。
- 社外の人に対して最敬体を使う。

普通の言い方	敬体	最敬体
□ある	あります	ございます
□いる	います	おります
□する	します	いたします
□食べる	食べます	いただきます
□そうだ	そうです	さようでございます

尊敬語 よく出る!

相手の動作や状態に対して敬う（相手を持ち上げる）表現を使うことで、相手に敬意を表す言葉遣いです。

- 動詞に「〜れる」「〜られる」をつける。例 聞く➡聞かれる
- 「お〜になる」「ご〜なさる」に言い換える。例 聞く➡お聞きになる
- 特定の尊敬語に置き換える。　例 聞く➡お耳に入る

謙譲語 よく出る!

自分や身内（自分の会社、家族など）に対して、へりくだった（低める・謙そんする）表現を使うことで、相手に敬意を表す言葉遣いです。

自分の動作や状態をへりくだるとき	●自分側の動詞に「お（ご）〜する」「お（ご）〜いたす」をつける。 例〈自分が〉聞く➡お聞きする ●特定の謙譲語に置き換える。　例 聞く➡拝聴する
相手に何かをしてもらう（何かをしてもらいたいとお願いする）とき	●相手側の動詞に「お（ご）〜いただく」「お（ご）〜願う」「〜（して）いただく」をつける。 例〈相手に〉聞いてもらう➡お聞きいただく・お聞き願う・聞いていただく

注意したい敬語の使い方

敬語は適切に使わなければなりません。間違った敬語の使い方をすると、かえって相手に失礼になります。特に、尊敬語と謙譲語の混同、ていねい語と尊敬語の混同、同じ言葉に敬語を重ねる二重敬語に気をつけましょう。

尊敬語と謙譲語の違い

普通の言い方	尊敬語	謙譲語
□いる	いらっしゃる・おいでになる	おる
□する	なさる	いたす
[自分が相手に(頼んで)] □～（して）もらう [相手が自分に] □～（して）くれる	～くださる	～いただく＊
[自分が相手に] □～（して）あげる	―	～（して）差し上げる
□書く	書かれる・お書きになる	お書きする
□行く	いらっしゃる・おいでになる・お越しになる	うかがう・まいる
□来る	いらっしゃる・おいでになる・お見えになる・お越しになる・見える・来られる	まいる
□待つ	待たれる・お待ちになる	お待ちする
□食べる・飲む	召し上がる・お食べ（お飲み）になる	いただく・ちょうだいする
□言う	おっしゃる・言われる・仰せになる	申す・申し上げる
□思う	お思いになる・思われる	存ずる
□受ける・もらう	お受けになる	いただく・たまわる・ちょうだいする
□見る	ご覧になる・見られる	拝見する
□聞く	お聞きになる・お耳に入る	拝聴する・うかがう・承る
□知る	ご存知だ・お知りになる	存ずる・存じ上げる
□死ぬ	お亡くなりになる・亡くなられる・逝去される	―

（謙譲語は、自分側の動作につけるが、＊は相手側の動作につける）

正しい表現はどれ?

● 「お料理をいただいてください」

➡ × 尊敬語と謙譲語を混同している例。「いただく」は謙譲語。正しくは、尊敬語を使った「お料理を召し上がってください」など。

● 「どちら様でございますか」

➡ × ていねい語と尊敬語を混同している例。「ございます」はていねい語。正しくは、「いる」の尊敬語「いらっしゃる」を使った「どちら様でいらっしゃいますか」。

● 「おわかりいただけたでしょうか」

➡ ○ 「わかってもらえただろうか」の謙譲表現。謙譲表現は多くは自分の動作につけるものだが、「お（ご）〜いただく」「お（ご）〜願う」「〜（して）いただく」に限っては相手側の動作につけることに注意。

● 「お召し上がりになられますか」

➡ × 「食べる」に、「召し上がる」と「〜（な）られる」の2つの尊敬語をつけている（二重敬語）。正しくは、「お召し上がりになりますか」。

★★★ よく出る! 確認テスト

check! □□□

次はAが最近応対した言葉である。適当なものには○、不適当なものには×をつけなさい。

❶理不尽なクレームに、「そのようなことを申されましても」

❷来客に呼び止められて、「それでは受付でお尋ねいただけますか」

❸C氏の来訪を取り次ぐとき、「C様がお見えになられました」

❹上司に確認するために、「その件は伺っていらっしゃいますか」

❺上司に明日の予定を聞くとき、「明日は外出いたされますか」

解答・解説

❶ × 「申す」は「言う」の謙譲語で、自分側の動作に対してつける。この場合は、相手側の動作に敬意を示す尊敬語を使って、「そのようなことをおっしゃいましても」などが正しい。

❷ ○ 「〜いただく」は「（自分が頼んで）相手に〜してもらう（してもらいたい）」の謙譲の表現で、相手の動作につける。自分がへりくだって相手にお願いすることが強調される。尊敬表現を使った「〜お尋ねくださいますでしょうか」なども可。

❸ × 「来る」という表現に対して、「お〜になる」「〜られる」の二つの尊敬語を使っている（二重敬語）ので不適当。「お見えになりました」「いらっしゃいました」「見えました」などが正しい。

❹ × 「伺う」は「聞く」の謙譲語なので、相手の動作につけるのはおかしい。この場合は「聞く」の尊敬表現「お聞きになる」を使って「お聞きになっていらっしゃいますか」などとするのが正しい。

❺ × 「する」に、謙譲語「いたす」と尊敬語「〜れる」が同時についているので不適当。この場合は、「する」の尊敬語「なさる」を使った「外出なさいますか」や、尊敬表現「〜れる」を使った「外出されますか」が正しい。

出題ランク ★★★

6 敬語の使い方

相手によって敬語の種類を使い分ける必要があります。特に、社内の人間と社外の人間との敬語の使い分け方、上司に対する適切な敬語表現の使い方は頻出度が高いので、十分理解しておきましょう。

敬語の使い分け

敬語は、「誰と」「何について（または誰のことについて）」話しているかによって使い分ける必要があります。誰と何について話しているかを見極めるには「敬語線」を使うとわかりやすいでしょう。敬語線は、誰に敬意を表し、どの種類の敬語を使うかを判断する基準を示しています。

お客様が「話す相手」「話題となる相手」のとき よく出る!

お客様は常に敬意を払う対象で、社内の人間はひとくくりにへりくだる側になります。社内の人間同士でお客様のことを話すときも、お客様に敬意を払います。

- お客様（鈴木さん）に上司（山田部長）の伝言を伝えるとき

例「上司の山田部長が～と言っていた」

➡「~~と（部長の）山田が申しております~~」
＝上司（社内の者）に謙譲語を使う。

- 上司にお客様（鈴木さん）の伝言を伝えるとき

例「鈴木様が～と言っていた」

➡「～と鈴木様がおっしゃっていました」
＝お客様に尊敬語を使う。

社内の者同士で話すとき よく出る!

社内での上下関係がそのまま敬語の上下関係になります。秘書が上司に対して話すときは、上司に敬意を払います。社内の誰かに上司のことを話すときも、上司に敬意を払います。

● 課長に上司（山田部長）のことを話すとき

例「上司の山田部長は帰った」

➡「山田部長はお帰りになりました」

＝上司に尊敬語を使う。

上司の身内が「話す相手」「話題となる相手」のとき

「話す相手」または「話題となる相手」が上司の身内のときは、上司と上司の身内は両方が敬意を払う対象になります。

● 上司（山田部長）の身内に上司のことを話すとき

例「山田部長は出かけている」

➡「山田部長はお出かけになっています」

＝上司に尊敬語を使う。

※身内には、「部長さん（様）」と役職の後に「さん（様）」をつけてもよい。

● 上司に、上司の身内のことを話すとき

例「奥様が〜と言っていた」

➡「奥様が〜とおっしゃっていました」

＝上司の身内に尊敬語を使う。

「話題となる相手」が自分の身内のとき

自分の身内（家族）を上司などの他の人に話すときは、自分の身内をへりくだって話します。

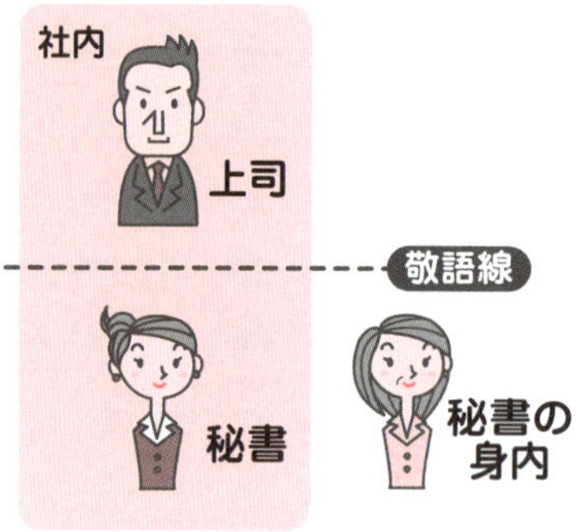

● 自分の身内のことを上司に話すとき

例「（自分の）母が～と言っていた」

➡「母が～と申しておりました」

＝身内に謙譲語を使う。

呼び方の使い分け

敬意を払う相手には尊敬語を使い、身内には謙譲語を使うように、人の呼び方も敬意を払う相手と身内とで使い分ける必要があります。

たとえば、「おとうさん」は敬意を払うときの呼び方です。それを、「（私の）おとうさんが～」と身内に対して使うと、相手に対しても失礼にあたります。間違った使い方をしないように注意しましょう。

身内と相手の呼び方の使い分け

身内の呼び方	相手の呼び方
□わたくし	あなた様
□父［ちち］　母［はは］	おとうさま（さん）・おかあさま（さん）
□祖父　祖母	おじいさま（さん）・おばあさま（さん）
□主人　夫　○○（姓）	ご主人・だんな様・○○様
□女房　家内	奥様（さん）
□兄　姉	お兄様（さん）・お姉様（さん）
□息子　娘	ご令息・お子様・ご息女・お嬢様（さん）
□連れの者	お連れ様・ご同行の方

役職名はどう使い分ける？

●取引先に上司(佐藤専務)の不在を告げるとき、「佐藤専務はただ今外出しております」
➡ ✕ 部長、専務、社長などの役職名は敬称の意味があるので、社外の相手に対しては「姓＋役職名」を使ってはいけない。正しくは、「佐藤は〜」「専務の佐藤は〜」。
●社内で上司を呼び止めるとき、「佐藤専務、ただ今お時間はよろしいでしょうか」
➡ ○ 社内の者同士の会話では、目上の人に対しては敬意を表すために役職名をつける。

★★★ よく出る! 確認テスト

check! □□□

次は、営業部長（佐藤）の秘書Ａの言葉遣いである。適当なものには○、不適当なものには×をつけなさい。

❶上司の奥様からの電話に、「では、部長さんがお戻りになりましたら、お伝えしておきます」
❷上司の外出中に他部署の部長が来たので、「佐藤は外出しております。お急ぎでいらっしゃいますか」
❸上司の出張中に客からの伝言を預かるとき、「かしこまりました。それでは部長の佐藤が戻りましたら申し伝えます」
❹常務からの内線を上司に知らせるとき、「部長、常務さんから内線でお電話が入っております」
❺取引先に電話して相手を呼び出してもらうとき、「恐れ入りますが、Ｆ経理課長様をお願いできますでしょうか」

解答・解説

❶ ○ 職名には敬称の意味があるので、「職名＋様（さん）」は二重に敬称を使うことになり、通常使わない。ただし、その人物の身内に話す場合には使ってもよい。
❷ ✕ 社内の者同士では、秘書は目上の者に対して敬意を払わなければならない。したがって、敬称の職名と尊敬語を用いて「佐藤部長は外出されています。」が正しい。
❸ ○ お客に対しては、社内の者全体でへり下るので、正しい。
❹ ✕ 「職名＋様（さん）」は通常使わない。職名のみの「常務から内線で〜」でよい。
❺ ✕ 「職名＋様（さん）」は通常使わない。「経理課長のＦ様」と言うのが正しい。

出題ランク★★★

7 接遇表現

接遇表現《せつぐうひょうげん》は、選択式でも記述式でもよく出題されています。普通の言葉から接遇表現への言い換えを覚え、すらすらと書けるようにしておきましょう。

来客に対しては接遇表現を使う

接遇表現とは、来客に応対するときの言葉遣いのことです。来客に対しては、普通の表現を使わずに接遇表現を使うのが原則です。

職場で使われる接遇用語

普通の表現	接遇の表現
□わたし　わたしたち	わたくし・わたくしども
□どこ（どっち）　ここ　そこ　あそこ	どちら・こちら・そちら・あちら
□この人　その人　あの人	こちらの方・そちらの方・あちらの方
□どの人　誰	どの方・どちら様・どなた様
□そんなこと	そのようなこと
□なんの	どのような
□今	ただいま
□用	ご用件・ご用向き
□ミス	不手際
□あとで	後ほどあらためて
□今日	本日
□ちょっと	少々・しばらく
□〜分くらい	〜分ほど

普通の表現	接遇の表現
□行っていらっしゃい	行っていらっしゃいませ
□行ってきます	行ってまいります
□わかりました	かしこまりました・承知いたしました
□そうです	さようでございます
□どうでしょうか	いかがでしょうか
□残念ですが	あいにくですが
□ありません	ございません
□知りません	存じません
□できません	いたしかねます
□すみません（が）	〈感謝〉ありがとうございます・恐れ入ります
	〈謝罪〉失礼いたしました・申し訳ございません・恐れ入ります
	〈申し訳ない気持ちを込めてお願いするとき〉恐れ入りますが・失礼ですが・ご迷惑をおかけいたしますが・ご面倒ですが
□～してください	～していただけませんでしょうか・～お願いできませんでしょうか

★★★ よく出る! 確認テスト

check! □□□

次は、秘書Aがふだん「恐れ入ります（が）」と言っているシチュエーションである。適当なものには○、不適当なものには×をつけなさい。

❶来客に仕事の手際についてほめられたとき。
❷仕事のやり方について先輩に何度も聞きに行ったとき。
❸電話の内容が聞き取りにくかったので、もう一度尋ねるとき。
❹忙しそうにしている上司に声をかけるとき。
❺朝、いつものように上司にお茶を出すとき。

解答・解説

❶ ○ 「恐れ入る」は、恐縮してしまうような相手や状況に対して使う言葉。ほめられたときも恐縮しながらお礼を言うときに使う。
❷ ○ 申し訳ない気持ちを込めてお願いするときも「恐れ入る」を使う。
❸ ○ 電話の内容をもう一度尋ねるときは「恐れ入りますが～」と言う。
❹ ○ ❷と同様である。
❺ × いつものように上司にお茶を出すときは、恐縮する気持ちはないだろう。「どうぞ」などのお茶を勧める言葉が適当である。

出題ランク★★★

8 覚えておきたい接遇表現

前節と同じく、選択式でも記述式でもよく出題されている範囲です。どんなシチュエーションでどんな接遇表現を使うかを覚え、しっかりと書けるように練習しておきましょう。

場面別の接遇表現 よく出る!

次の表にあるように、場面によってふさわしい接遇表現があります。

□来客を迎えるとき	いらっしゃいませ・ [午前中に] おはようございます
□用件を確認するとき	恐れ入りますが、どのようなご用件でしょうか
□伝言や預り物があるとき	承っております
□問いに答えて名乗ってもらったとき	(たいへん) 失礼いたしました
□名刺をもらったとき	ありがとうございます
□少し相手を待たせるとき	少々お待ちください
□相手を待たせたとき	たいへんお待たせいたしました
□相手の感情を和らげるとき	あいにくでございますが 申し訳ございませんが お手数でございますが お差し支えなければ
□了承の意味を表すとき	かしこまりました 承知いたしました
□お詫びの気持ちを表すとき	申し訳ございません
□恐縮の気持ちを表すとき	恐れ入ります
□先に食べるとき	お先にいただきます
□来客を案内するとき	どうぞ、こちらでございます
□階段での案内	足元にお気をつけください
□先に立っての案内	お先に失礼いたします
□いすをすすめるとき	こちらにお掛けになって、お待ちください
□失礼を詫びるとき	たいへん失礼いたしました まことに申し訳ございません
□不在のとき	あいにく○○は席をはずしております ただいま、外出中です

□面会できずに帰る客に	ご足労いただきましたのに、申し訳ございませんでした せっかくお越しくださいましたのに、申し訳ございませんでした
□伝言を受けたとき	かしこまりました。必ず申し伝えます
□客を送るとき	では、失礼いたします・どうぞまた、お越しください・どうぞお気をつけて・ごめんくださいませ

こんなときどうする?

●お客のクレームに対して「その通りです」と言うとき、「ごもっともです」

➡ ✕ 正しくは「ごもっともでございます」。他にも「おっしゃるとおりでございます」なども可。

●お客の言葉が聞き取れず、もう一度聞きたいとき、「えっ、なんでございますか」

➡ ✕ ややぶしつけな言い方なので不適当。「もう一度おっしゃっていただけませんでしょうか」などが適当である。

★★★
よく出る! 確認テスト

check! □□□

次の「　」はAが言った心配りの言葉である。適当なものには○、不適当なものには×をつけなさい。

❶お客を案内している同僚の前を横切るとき、「あいにくでございます」

❷昼食時、周りより先にオーダーした品が来て、みんなから先に食べろとうながされたので、「お先に召し上がります」

❸会議から戻った上司に「ご苦労様でした」

❹宅配を受け取るとき、配達人に「いつもお世話様です」

❺外出する同僚に「行っていらっしゃい」

❻上司の意向で、やんわりと面会を断った不意の客に「またのお越しをお待ちしております」

解答・解説

❶ ✕ 「失礼いたします」と断るのが適当である。

❷ ✕ 「召し上がる」は「食べる」の尊敬語なので、自分の動作には使わない。「お先にいただきます」が適当である。

❸ ✕ 通常、目上の人に「ご苦労様でした」は使わない。この場合は「お疲れ様でした」と言うのが適当である。

❹ ○ 適当である。

❺ ○ 適当である。

❻ ✕ 面会を断った客だから、もう来てもらうことはないかもしれない。それなのに、「またのお越しをお待ちしております」と言うのは不適当である。

出題ランク★★★

9 来客応対の流れ

受付・取り次ぎの応対が会社の印象を決めるだけに、よく出題されている分野です。記述式での出題も多く、「名刺の受け取り」「見送り」などの場面をイラストで提示し、改善点を指摘させるという形式で問われています。

接遇の心構え

接遇とは、単に応接や応対をすることにとどまりません。それをすることによって、望ましい人間関係を築いていくことです。秘書は、お客様に思いやりの心をもって接し、信頼関係を作り出し、満足してもらえるサービスに努めます。

接遇で心がけること

身だしなみと環境づくり

お客様を迎えるにあたって、秘書は身だしなみを整えます(→ P.26)。また、応接室など環境をきちんと整えておきます。

環境作りのポイント

- 応接室の使用時間の確認
- 机・応接セットの整理整頓
- 時計・カレンダーなどの点検
- 室内の掃除
- 人数分のいすや茶碗の確認
- 茶器、灰皿などの後片付け
- 冷暖房、換気の調整
- テーブルクロス、ソファカバーなどの点検
- じゅうたん、床、壁の点検

受付の手順 よく出る!

1 来客が目に入ったら

● すぐに立ち上がって、「いらっしゃいませ」と一礼する。

↓

2 相手を確認する

● 名刺を出されたときは、両手で受け取る。

● 名刺を出されないときは、会社名、名前を聞く。「失礼ですが、どなた様でしょうか」

● なるべく顔を覚え、確実なときは「○○社の△△様ですね」と声をかける。

取り次ぎの手順 よく出る!

面会予約がある場合

1 「お待ち申し上げておりました」と言って、用件を聞かずに応接室などへ案内する。

↓

2 上司に取り次ぐ。

こんなときどうする?

予約客が次のように来社したとき、どう対応する?

よく出る!

●予約客が時間に遅れてきたときは、上司に会うかどうかの意向を確認するとよい。

➡ ✕ 後の予定に差し支えないと判断すれば、そのまま取り次ぐのが適当である。

●予約客が予定時間より早く訪れたときは、予定時間まで待ってもらう。➡ ✕ 上司の都合がよければそのまま取り次いでよい。

●予約客が紹介状を持ってきたときは、中身を確認してから上司に渡す。

➡ ✕ 秘書が中身を確認してはいけない。そのまま上司に渡す。

面会予約がない場合

1 会社名、名前を聞いた後、「失礼ですが、どのようなご用件でいらっしゃいますか」と言って用件を確認する。用件は、上司が会うかどうかの判断材料となる。

↓

2 上司の在否は言わずに、「少々お待ちくださいませ」「ただいま確認をとってまいります」と言って待ってもらう。

↓

3 上司に連絡する。

面会OKの場合	面会を断る場合
↓	↓
4 応接室などに案内する。	**4** 上司の意向を伝えてていねいに断る。

上司が面談中の取り次ぎ よく出る!

不意の来客があったとき、上司が面談中・会議中などで取り込んでいる場合は、次のような対応をします。ただし、上司から「会議中は取り次がないように」といった指示を受けている場合は、その指示を優先します。

- 上司が面談中に不意の来客があった場合、会社名、名前、用件を聞く。
- 面談中であることを伝え、代理の者でもいいかを聞く。
- 来客が上司との面談を希望する場合、面談中の上司にメモで伝え、判断を仰ぐ。
- 転任のあいさつは短時間で済むので、上司が来客中や会議中であっても原則として取り次ぐ。

見送りの手順

客が帰るときの見送りでは、お辞儀は何度も頭を下げずに、一度ていねいにお辞儀をします。

受付で

- 客が帰るときは、立ち上がってお辞儀をする。

応接室の外で・玄関先まで

- 次のようにあいさつをしながらお辞儀をし、後ろ姿をしばらく見送る。

  「ごめんくださいませ」
  「お忙しいところをお越しくださいまして、ありがとうございます」

エレベーターまで

- 来客がエレベーターに乗ったところであいさつをし、ドアが閉まるまでお辞儀をする。

車まで

- 車が動き出したらお辞儀をし、遠ざかるまで見送る。

応接室の後片付け

客が帰った後は、すみやかに応接室の環境を整備します。忘れ物がないかどうかもチェックします。

- 見送り後に後片付けをする。
- 来客の忘れ物がないかを確認する。忘れ物があれば先方に連絡を入れる。

★★★ よく出る! 確認テスト

check! □□□

次は、秘書Aが来客から名刺を受け取るときに気をつけていることである。適当なものには○、不適当なものには×をつけなさい。

❶読みにくい名前の場合は、読み方を尋ね、忘れないうちにその場でフリガナを記入している。

❷名刺を受け取るときは、両手で押しいただくようにして受け取っている。

❸名刺を受け取ったら、その場で裏を確認している。

❹名刺を受け取ったとき、声を出して会社名と名前を確認するのは失礼にあたるので、黙読する。

❺上司に来客から受け取った名刺を手渡すときは、両手で渡す。

解答・解説

❶ × 受け取った名刺に、来客の前で書き込みをすることは失礼にあたる。

❷ ○ 名刺を受け取るときは、大切に扱う気持ちを込めて、やや前傾姿勢で両手で押しいただくように受け取る。

❸ × その場で名刺の裏を確認するのは、失礼にあたる。

❹ × 名刺を受け取ったら、間違いのないように声を出して「○○社の△△様でいらっしゃいますね」のように会社と名前を確認してもよい。

❺ ○ 上司に名刺を渡すときも、大切に扱う気持ちを込めて両手で渡すとよい。

出題ランク ★★☆

10 案内のマナー

案内のマナーは記述式でもたびたび出題されています。エレベーターへの案内のしかた、応接室への案内のしかたなどでは、案内場面をイメージしながら覚えましょう。

案内のしかた

お客様がとまどわないように案内することが基本になります。案内をする前に、「(応接室へ) ご案内いたします」などと行き先を告げます。

廊下や階段

- 来客の歩調に合わせて、2、3歩斜め前を歩く。
- 曲がり角や階段では、「こちらでございます」と言って手で方向を示す。
- 階段を上がるときも下りるときも、秘書が先に進んで来客が後になる。

エレベーター よく出る!

❶乗る前に「○○階にご案内します」と降りる階を知らせる。

❷乗るときは、

- エレベーター係、または先に乗っている人がいるとき
  ドアを押さえて来客を先に乗せた後に秘書が乗る。
- 誰も乗っていないとき
  自分が先に乗って操作盤の前に立ち、「開」のボタンを押して来客を乗せ、降りる階のボタンを押す。

❸降りるときは、来客に先に降りてもらう。

応接室 よく出る!

❶応接室の前に来たら「こちらでございます」と言い、ノックをしてからドアをあける。

❷ドアが外開きの場合
秘書がドアをあけ、来客を先に通す。

ドアが内開きの場合
秘書がドアを開けて先に入り、ドアを押さえて来客を招き入れる。

❸席をすすめる。「どうぞこちらでお待ちくださいませ」と言って上席をすすめる。

●ドアが外開きの場合　●ドアが内開きの場合

❹帽子、コート、傘などを受け取り、「こちらにお置きします」と言ってハンガーなどにかける。

❺「失礼いたします」と言って、一礼して退室する。

❻ドアの表示を「使用中」にする。

よく出る! 確認テスト

check! □□□

次は、秘書Aが来客を案内したときに順に行ったことである。適当なものには○、不適当なものには×をつけなさい。

❶予約客には、「○○様、お待ちしておりました」と名前を呼んであいさつした。

❷客の荷物が多かったので、「お持ちしましょうか」と尋ね、Aが持つようにした。

❸応接室の表示が「空室」になっているのを確認してから、ノックをせずにドアを開けた。

❹応接室に案内し、ドア近くの席を示して「こちらへどうぞ」とすすめた。

❺退室するとき、来客に向かって「失礼いたします」と一礼した。

解答・解説

❶ ○ 知っている客には名前を呼ぶ。

❷ ○ 客の荷物が多いとき、荷物をもつのは気配りとして適当である。

❸ × たとえ表示が「空室」になっていても、ドアをノックしてから開けるようにする。

❹ × ドアから離れたところが上席になる。したがって、客にはドアから離れた奥の席からすすめる。

❺ ○ 一礼して退室するときに、ひと言添えてもよい。

出題ランク★★★

11 お茶の出し方

お茶を出す接待は秘書の仕事の基本です。お茶を出す順番、お茶の置き方などの基本作法を正確に覚えておきましょう。また、来客や上司の状況に応じてお茶を出すタイミングを変えるなど、細かな対応を押さえておくとよいでしょう。

お茶を出す手順とお茶を下げる手順

来客を応接室に案内して上司に取り次いだら、飲み物やお菓子を出して来客をもてなします。茶菓を出すマナーは次の通りです。

お茶を出す手順

1 お茶を準備する

- 面会時間に合わせてお湯を沸かしておく。
- 人数分のお茶が同じ濃さになるように茶わん七分目まで入れる。

2 お茶を運ぶ

- お盆に載せて運ぶ。
- 応接室に入るときは、ノックして、「失礼いたします」と言って入る。

3 お盆を置く よく出る!

- サイドテーブルにいったんお盆を置く。
- サイドテーブルなど置く場所がないときは、左手でお盆を持ち、「片手で失礼いたします」と言って右手でお茶を差し出す。

4 お茶を出す よく出る!

- 上位の来客から出し、次に社内の上位者から順番に出す。
- 茶たくを右手でもって左手を添えて出す。
- 出すときは、「どうぞ」と声をかける。
- 絵柄が来客の方に向くように、茶たくの木目が横になるように置く。

⑤ 退出する

● お茶を出し終わったら、盆を左脇につけてもち、一礼してから部屋を出る。

こんなときどうする?

来客へ茶菓を出す際のマナー、これは適当？　不適当？

●菓子や弁当があるときは、菓子や弁当を先に出して、後でお茶を左側に出す。

➡ ✕ 菓子や弁当を先に出し、お茶はその右側に出すこと。

●お茶やお弁当のふたは、外してから出す。

➡ ✕ お茶やお弁当のふたは、つけたまま出すのが原則。

●面談予約の客を応接室に通したものの、上司の電話がなかなか終わらないので、お客には先にお茶を出した。

➡ ◯ お茶も出さずにお客を待たせるのは失礼にあたる。上司のお茶は、上司が応接室に来たときに改めて出せばよい。

お茶を下げる手順

● 面談時間が長くなって入れ替えるときにお茶を下げる（それ以外ではお客様の目の前でお茶を下げることはしない）。

① お茶を下げるときは、来客の上座から下げる。

② 下げるときは、「お下げいたします」「お下げしてもよろしいでしょうか」と声をかける。

★★★ よく出る! 確認テスト

check! □□□

次は、秘書Ａが３人の来客にお茶を出すときに行ったことである。適当なものには◯、不適当なものには×をつけなさい。

❶お茶を持ってドアを開けたとき、上司と客が立って名刺交換をしていたので、一礼して中に入り、名刺交換を終えるまでその場で待っていた。

❷お茶を出している途中で上司と客が話し始めたので、声はかけないでていねいにお茶を置いた。

❸お茶を入れ替えるとき、急須を持ってきて「お代わりをどうぞ」と言いながら茶わんにお茶をつぎ足した。

解答・解説

❶ ◯ お茶は、名刺交換やあいさつが終わってから出すのがマナー。

❷ ◯ 発言が始まったら、邪魔にならないように声をかけないでもよい。

❸ ✕ お茶を入れ替えるときは、前に出したものを茶わんごと下げて、新しく出し直す。客の目の前でお茶をつぎ足すのは不適当。

出題ランク★☆☆

12 席次のマナー

来客を応接室に案内したときの席次、秘書が車に同乗する場合の席次など、ケース別に整理するとよいでしょう。

応接室での席次

応接室で着席する場合、また電車や車で着席する場合は、上位の人が**上席**《じょうせき》（**上座**《かみざ》）になるように心がけ、失礼のないようにします。

応接室に着席する場合、出入り口から一番**離れている**ところが上席であることが多いことを覚えておきましょう（大事なお客様を奥でお守りするというイメージ）。

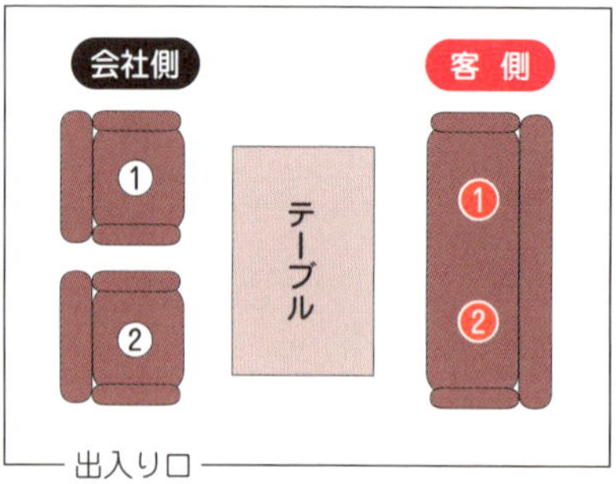

●出入り口から遠い席や長いすが上座
●来客には上座から順（席次順）に座ってもらう。

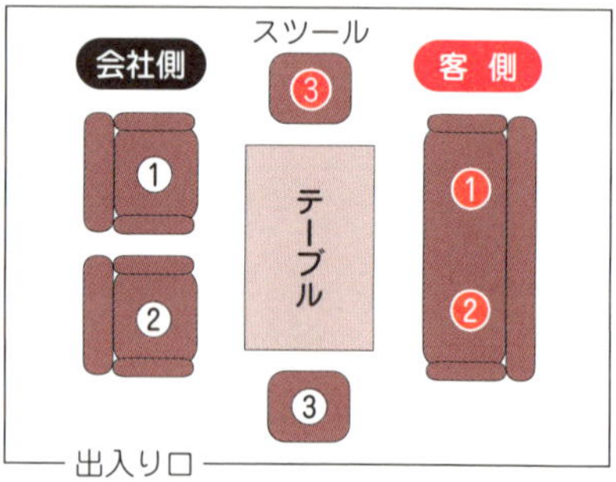

●肘掛けのないスツールは、椅子が足りないときに使う。

車や電車での席次

車の場合は、運転席の後ろが**最上位**となり、運転手の隣である助手席が**最下位**になるのが一般的です（お客様の安全を考えての席次）。また、後部座席に３人で乗る場合は、**中央**が末席になります。

電車の場合は、進行方向と同じ方向の窓側席が**最上位**となり、進行方向と反対側の通路側が**最下位**となります。

車での席次

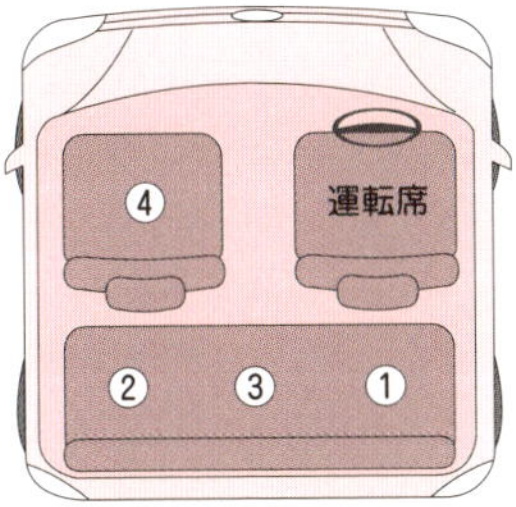

運転者がいる場合

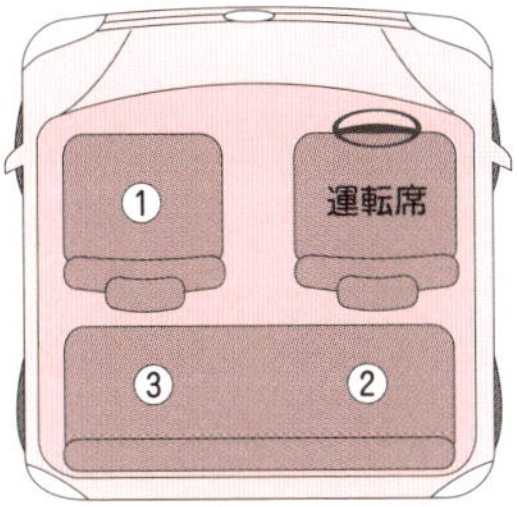

上位者が運転する場合

電車での席次

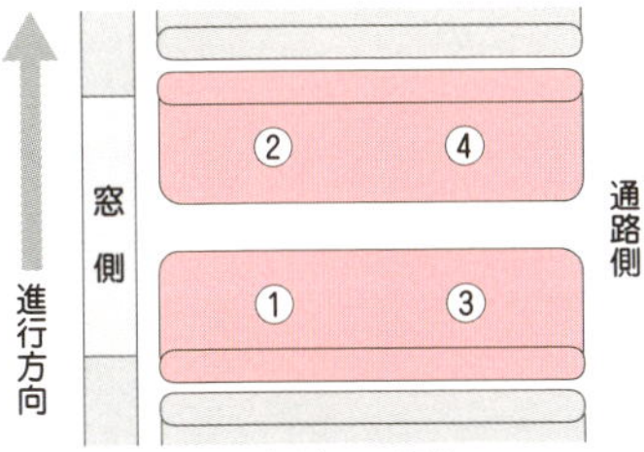

４人がけの場合

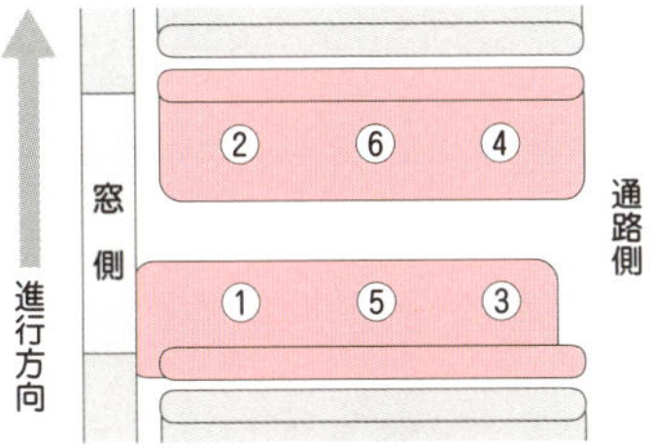

６人がけの場合

こんなときどうする?

このようなとき秘書はどこに座ればいいか？

●タクシーに取引先のお客様、上司、秘書の３人が乗る場合、秘書は一番末席である後部座席の中央に乗る。

➡ ✕ ３人の場合は中央が末席ではあるが、この場合はわざわざ中央に座ることはなく、助手席に乗るようにする。

★★★ よく出る! 確認テスト

check! □□□

秘書Ａが上司（部長）と課長の出張に同行したとき、到着駅で取引先の支店長が待っていた。支店長の運転する車で取引先に向かうというとき、上司、課長、Ａは下の図のどこに座ればよいか。適当と思われる組み合わせを選びなさい。

❶ ①課長 ②Ａ ③上司
❷ ①Ａ ②課長 ③上司
❸ ①課長 ②上司 ③Ａ
❹ ①Ａ ②上司 ③課長
❺ ①上司 ②Ａ ③課長

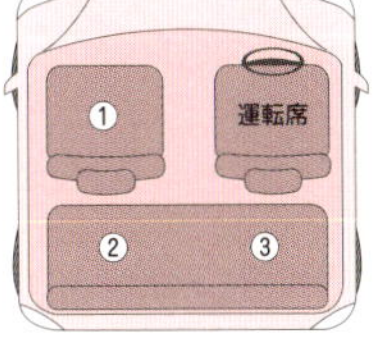

解答・解説

❺ 取引先の上位者が運転する場合、助手席が社内の上位者の席になることに注意する。

出題ランク★★★

13 電話応対のマナー

声だけで相手とコミュニケーションをとるという電話の特性を十分理解したうえで、電話応対のマナーと表現を覚えましょう。電話の接遇表現はよく出題されるので、まるごと暗記しておきましょう。

電話の特性と心構え

電話は、①相手が見えない、②言葉だけで情報や気持ちを伝える、という特性をもっています。電話の応対では、直接会う人以上に細やかな配慮が必要になります。

電話応対の心構え

- はっきりと発音する。
- 相手との関係を考えてていねいな言葉遣いで話す。
- 気持ちを込めて話す。➡声の表情がやわらかくなる。

電話の受け方

電話の基本的な受け方を、上司が在席の場合と不在の場合に分けて説明します。

上司に取り次ぐ場合 よく出る!

❶ 電話に出る。

- 左手で受話器をとり、右手でメモとペンを用意しておく。
- 3回以上鳴ったら「(大変)お待たせいたしました」と言う。

⬇

❷ こちらの社名と部署名、名前を名乗る。

〈外線の場合〉「はい、○○社○○課でございます」

〈内線の場合〉「○○課の○○(自分の名前)でございます」

⬇

3 相手を確認する。

- 相手が名乗ったら、復唱して、あいさつをする。「○○社の○○様でいらっしゃいますね。いつもお世話になっております」
- 相手が名乗らないとき「失礼ですが、(○○会社の)どちら様でいらっしゃいますか」

↓

4 用件を確認する。

- メモをして復唱する。

↓

5 取り次ぐ。

- 「少々お待ちくださいませ」と言って電話を保留にする。
- 上司の在・不在は告げない。
- 相手の名前と用件を上司に伝えて取り次ぐ。

↓

6 受話器を置く。

- 電話のランプの表示で、上司が電話に出たことを確認して電話を切る。

上司が不在（外出中、会議中、面談中など）の場合 よく出る!

1 上司の不在を伝える。

- 上司が電話に出られない旨を告げる。
- こちらからかけ直したほうがよい場合は、電話番号を聞く。

↓

2 伝言を頼まれた場合。

- 伝言の要点を確認しながらメモをとり、復唱する。
- 自分の名前と所属を相手に伝える。「私は秘書の○○と申します。鈴木が戻りましたら、ただいまの件、確かに申し伝えます」

↓

3 電話を切る。

- 「それでは失礼いたします」「ごめんくださいませ」と言う。
- 相手が切るのを待って、静かに受話器を置く。

↓

4 上司に伝える。

- 上司が戻ったら、メモを渡して報告する。

13 電話応対のマナー

こんなときどうする?

上司が会議中・面談中のとき、取り次いだほうがよい場合は？

●急な用件は取り次ぐ。

➡ ○ 通常は上司が離席中（面談中）であることを告げ、伝言を預かるなどの対応をする。ただし、急な用件、上司があらかじめ取り次ぎを希望していた用件の場合は、用件をメモして上司に渡し、指示を仰ぐ。

●くわしい用件を聞き、重要だと判断したら取り次ぐ。

➡ ✕ 秘書が用件の重要性を判断することはできない。

応対の基本表現 よく出る!

相手の声が聞き取りにくいとき	「お電話が遠いようですが」 「恐れ入りますが、もう一度おっしゃっていただけますでしょうか」
上司が電話に出られないとき	「ただ今席をはずしております」 「あいにく○○（上司の名前）は、ほかの電話に出ております」 「○○はあいにく外出しております」 「○○は△時まで打ち合わせに入っております」 「恐れ入りますが、○○はただ今面談中です」
相手の意向を確認するとき	「○○が戻りましたら、お電話を差し上げましょうか」 「よろしければ、ご用件を承りましょうか」 「△時には戻る予定ですが、いかがいたしましょうか」
間違い電話を受けたとき	「こちらは×××－××××（電話番号）でございますが、どちらにおかけでいらっしゃいますか」

電話のかけ方

電話をかけるときの基本的な手順やマナーについて覚えておきましょう。電話をかける前は、用件のポイント・相手の所属・名前のメモなどの準備をしておくことが大切です。

1 電話をかける前に次の点を確認する。

- 用件のポイントは整理しているか。
- メモ・ペン・必要な資料は（スケジュール帳、カレンダーなど）用意したか。
- 相手先（電話番号・所属・名前）は間違いないか。

⬇

❷ 電話をかけ、相手が出たら「○○社の○○と申します。いつもお世話になっております」と名乗ってあいさつする。

↓

❸ 相手を指名する。

● 上司に代わって電話をした場合は、相手が出る前に上司に代わる。

↓

❹ 相手を確認し、用件を述べる。

● 話が長くなりそうなときは、用件に入る前に「○○の件で少しお時間をいただきたいのですが、よろしいでしょうか」と言って相手の都合を確認する。

↓

❺ あいさつして切る。

● 切る前に「お忙しいところありがとうございました」「失礼いたします」と言う。

★★★ よく出る! 確認テスト

check! □□□

次は秘書Aが電話の応対について心がけていることである。適当なものには○、不適当なものには×をつけなさい。

❶上司の不在中、上司の机の内線が鳴ったので、電話に出てAの名前を言った。

❷伝言を頼まれた場合は、聞かれなくても自分の部署名と名前を言うようにしている。

❸ベルが3回以上鳴ってから出るときは、「遠くにいたもので申し訳ありません」と詫びてから話すようにしている。

❹右利きなので、電話に出るときは右手で受話器をもつ。

❺外線の受話器をとったら、「もしもし、○○会社○○課です」と言う。

解答・解説

❶ × 相手は、上司に用事があって上司の内線にかけている。したがって、この場合は、「佐藤部長の席でございます」といった言い方が正しい。

❷ ○ 伝言を受けた責任の所在をはっきりさせるために必要である。

❸ × 弁解がましい表現は避けること。ベルが3回以上鳴ってから出る場合は「(大変) お待たせいたしました」という表現を使う。

❹ × 右利きなのに、右手で受話器をもつと、メモを書くことができない。メモを書くには、左手で受話器をもつことになる。

❺ × 「もしもし」はビジネスの場では使わない。

出題ランク★☆☆

14 訪問時のマナー

訪問する側としての対応が、選択式や記述式でときどき出題されています。手土産を渡すタイミング、応接室で座る場所、出されたお茶の飲み方など、基本的なマナーをチェックしておきましょう。

訪問時の心がけ

秘書は、上司の指示で書類を届けるといったことで、取引先を訪問する機会があります。訪問先では、秘書の立場をわきまえた行動をとることが必要になります。

訪問先の受付での振るまい

1. 受付の方にまず、「いつもお世話になっております」とあいさつをする。
2. 所属と名前を名乗る。

- 単独で訪問する場合➡自分の所属と名前を言う。
「○○社△△部、山崎の秘書の田中と申します。◇◇様はいらっしゃいますか」

応接室に通されたとき

- 応接室などに案内されるときは、上司の少し後ろを歩く。
- すすめられた席に座る。「恐れ入ります」と言って着席する。
- 上司の補佐で同行している場合は、基本的に上司の隣に座る。

こんなときどうする?

よく出る!

訪問時に持っていった手土産や書類はどうやって渡す？

- 手土産などを紙袋に入れているときは、紙袋に入れたまま両手で差し出す。
➡ × 紙袋から出して渡すのがマナー。紙袋は持ち帰る。
- 封筒など小さな包みは片手で渡す。
➡ × 相手に何かを渡す場合は必ず両手で渡すこと。
- 封筒は、表側を上にして、相手から文字が読める向きにして渡す。
➡ ○ どんなものを渡すかが相手にわかるように配慮する。

出されたお茶の飲み方

- ふた付きのお茶わんで出されたときは、ふたを取って右図のように置く。
- お茶を飲むときは両手でもつ。(P.89)
- お茶は何度かに分けて冷めないうちにいただく。

よく出る! 確認テスト

check! □□□

次は、秘書Aが上司とともに取引先を訪問したときの行動である。適当なものには○、不適当なものには×をつけなさい。

❶面会を予約していたので、受付では上司の名前と自分の名前を伝えた。

❷訪問する部署に向かっている途中、よく来社するT氏と偶然会って上司と立ち話をし始めたので、Aも横に並んで一緒に話しを聞いた。

❸応接室に案内されるときは、上司の後ろに続いて歩いた。

❹ソファーの上司の隣の席をすすめられたが、遠慮してドア側のスツールに座った。

解答・解説

❶ × 相手と面会するのは上司であって、秘書はあくまで同行者である。秘書の名前を伝える必要はない。

❷ × T氏は上司と話をしたいために立ち止まったのだから、秘書は話を聞くべきではない。上司たちからは少し離れた場所で待っているのがよい。

❸ ○ 秘書の立場をわきまえて、上司の後ろを少し離れて歩く。

❹ × 秘書が同行したのは、面談中の上司に書類を渡すなどの補佐が必要だからだろう。そのためには上司のそばにいるほうがよく、すすめられた席に座ることでかまわない。この場で遠慮することはない。

出題ランク★★☆

15 慶事の対応とマナー

頻出度はそれほど高くありませんが、過去にはTPOに応じた慶事の服装、受付業務をまかされたときの心得、慶事に関する用語などが出題されています。

慶事の種類と対応

上司に関する慶事には、公的なものと私的なものがあります。秘書は、公的や私的な慶事に事前に対応するだけでなく、当日は付き添いや代理で出席したり、受付などを手伝ったりすることがあります。

慶事の種類

公的なもの	会社で行う祝賀行事	創立記念　新規事業発表　社屋落成記念など
	取引先で行う祝賀行事	昇進　就任　社屋落成　創立記念など
上司の関係者のお祝いごと		受賞・受章　賀寿　上司が招待された婚礼 上司が仲人をする婚礼など
上司自身のお祝いごと		受賞・受章　賀寿　上司の子女の婚礼など

慶事にともなう秘書の仕事

祝賀行事に招待されたとき

- 招待状の返信（出欠の返事）
- 日程管理
- お祝い品を贈る場合の手配
- 欠席の場合の祝電の手配
- 祝辞原稿の手伝い
- 祝儀（お祝い金）の手配
- 出席直前の準備と確認

会社の祝賀行事・上司や上司の子女の祝賀行事を行うとき

- 準備の手伝い（招待状の印刷、発送など）
- 当日の手伝い（受付、車の手配など）
- 当日の出席（上司の代理、付き添いなど）

秘書としての服装

パーティーなどで受付を担当したり、上司の代理で出席したりする場合、秘書の立場をわきまえて、服装は華やかになりすぎないようにします。次のような**準礼装**の洋装がふさわしいといえます。

女性

- ワンピースもしくはスーツ。
- 胸にコサージュをつける。
- 場の雰囲気に合わせて改まった服装をするが、華やかになりすぎないように注意。

男性

- 黒のダークスーツと白いシャツ
- 白か白銀のネクタイ

慶事の用語 よく出る!

□ 祝儀《しゅうぎ》	祝い事のときに祝意を込めて贈る金品のこと。
□ 祝宴《しゅくえん》	祝い事のときに行う宴会のこと。
□ 祝電《しゅくでん》	祝い事に対して祝意を述べるために打つ電報のこと。
□ 祝辞《しゅくじ》	祝い事の席で述べる祝いの言葉のこと。
□ 祝詞《のりと》	祭りの儀式や神前結婚式で唱える祝福の言葉。
□ 賀寿《がじゅ》	長寿の祝いのこと。詳しくはP.133を参照。
□ 受章《じゅしょう》	勲章《くんしょう》や褒章《ほうしょう》を受けること。詳しくはP.132を参照。

★★★ よく出る! 確認テスト

check! □□□

上司の子息が結婚することになり、秘書Aは披露宴の受付の手伝いをすることになった。次はAが受付の心得として考えたことである。適当なものには○、不適当なものには×をつけなさい。

❶慶事らしい明るい雰囲気をつくるために、他の受付の人たちとはにぎやかに会話をすること。

❷受付でのあいさつは、主催者が来たときに「本日はおめでとうございます」と言うこと。

❸お祝いを出されたら両手で受け取り、「お預かりいたします」と言うこと。

解答・解説

❶ × 受付を任された立場として、私語はなるべく慎むこと。明るい雰囲気はにぎやかな会話がなくても、お互い協力し合う気持ち、和やかな表情などでつくることができる。

❷ × 慶事の受付では、誰にでも「本日はおめでとうございます」と声をかける。出席する側も、受付や主催者に「本日はおめでとうございます」と声をかけるのがマナー。

❸ ○ お祝いを出されたときは、「お預かりいたします」と言って両手で受け取ること。

出題ランク★★★

16 弔事の対応とマナー

過去には、訃報《ふほう》に接したときの秘書の対応として「香典《こうでん》の用意」「表書きの書き方」「弔電《ちょうでん》の打ち方」などが出題されています。弔事《ちょうじ》の用語の意味もよく問われるので、正確に覚えておきましょう。

弔事の対応

弔事《ちょうじ》は、慶事と違って突然起こります。それだけに必要な情報をすぐに確認して、迅速に対処しなければなりません。訃報に接したときは、逝去《せいきょ》の日時、通夜《つや》や葬儀の日時や場所などの基本事項を確認します。

弔事の連絡を受けたときの確認事項と上司に確認する事項 よく出る!

- 亡くなった人の氏名と死因
- 逝去の日時
- 通夜と告別式《こくべつしき》の形式(宗教)･日時･場所
- 喪主《もしゅ》の氏名･続柄･住所･電話番号

➡ 上司に報告

- 通夜、告別式のどちらに、誰が参列するのか。
- 香典はいくらにするのか。
- 葬儀の手伝いは必要かどうか。
- 供物《くもつ》、供花《きょうか》、弔電などはどうするのか。
- 上司が参列する場合、スケジュールをどう調整するか。

弔事に参列するときの服装

上司の代理で秘書が葬儀に参列することもあります。急な訃報で仕事場からつやに駆けつけるような場合は、下表にあるように地味な装いにします。

女性	通夜	地味な色のスーツ。アクセサリーは外し、化粧は薄くする。急な連絡で会社から駆けつけるときは着替えなくてもよい。
	葬儀・告別式	光沢のない黒のワンピースまたはスーツ。靴は光らない黒色。パールの一連のネックレスを除き光るアクセサリーはつけない。化粧やマニキュアも控えめに。
男性	通夜	ダークスーツに黒ネクタイ。
	葬儀・告別式	モーニング、黒ベスト、白シャツ、黒ネクタイ(ネクタイピンははずす)、黒の靴下と靴。略式ならダークスーツ、黒ネクタイ、黒の靴下と靴。

弔事に関する知識

一般の弔問客は、通夜か告別式のいずれかに香典を持参して参列します。

通夜　故人を葬る前に家族や親戚縁者、知人などが遺体のそばで終夜過ごす儀式。告別式の前日に行われることが多い。次のように進行する。

❶受付　「ご霊前にお供えください」と言って香典を渡し、記帳する。

❷お悔やみのあいさつ　「ご愁傷さまでした」「お悔やみ申し上げます」

❸読経　❹焼香

❺通夜ぶるまい　通夜の後の弔問客への酒食のふるまいのこと。長居はしない。

❻退席　喪主や遺族は取り込み中なので姿が見えなければ帰りのあいさつはしなくてもよい。

葬儀・告別式

- 葬儀は、遺族や親族縁者、知人など、故人と関係が深かった人が集まって故人に別れを告げる儀式。仏式と神式、キリスト教式、無宗教式がある。
- 告別式は、故人に別れを告げる儀式のこと。

法要《ほうよう》　仏式で営まれる故人の冥福を祈る儀式のこと。

- 仏式では、初七日、四十九日のほかに、年忌として一周忌（1年後）、三回忌（2年後）、七回忌（6年後）、十三回忌（12年後）などがある。

香典の基本知識

香典とは死者の霊に供える金銭のことで、通常は通夜や告別式の受付で渡します。表書きは宗教によって使い分けます。「御霊前」はすべての宗教に使えるので、宗教がわからないときは表書きを「御霊前」とします。

宗教による表書きの違い

宗教	表書き
仏教	御霊前　御香料　御香典
キリスト教	御霊前　御花料
神道	御霊前　御玉串料　御榊料
無宗教・不明	御霊前

霊前での作法

焼香のしかた（仏式）

❶遺族に一礼する。

❷焼香台に進み、親指・人差し指・中指の３本で香をつまむ。

❸ほんの少し押しいただいて瞑目し、香炉にくべる（宗派によって１回だけの場合もあるし、３回繰り返す場合もある）。

❹遺影に向かって合掌する。

❺遺族に会釈して下がる。

玉串奉奠《たまぐしほうてん》のしかた（神式）

❶榊*の根本を右手で軽く握り、葉を左手で受ける。（＊榊＝神事に用いられる木のこと。）

❷時計の針の方向に回し、根元を自分のほうに向けて、玉串台に供える。

❸二礼二拍（二度お辞儀し、二度拍子を打つ。音を立てないように）をする。

❹一礼する。

献花《けんか》のしかた（キリスト教式）

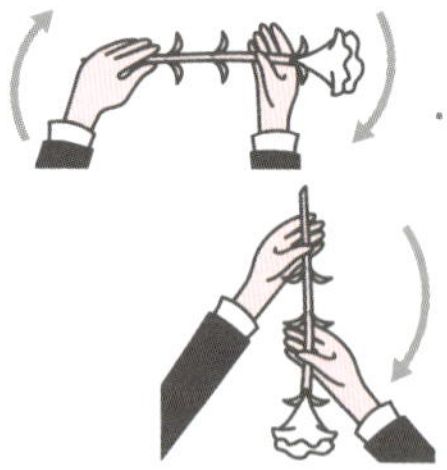

❶献花台に進み、一礼する。

❷左手で花の根元を右手で花の付け根あたりを持ち、時計方向に回して茎を向こう側にして献花台におく。

❸黙祷する。

弔電の基本知識

弔電は、訃報に際して打つ電報のことで、通夜・告別式のどちらにも参列できない場合に手配します。弔電を打つときは、次のことを上司に確認します。

弔事を打つときに確認する基本事項

- 誰が亡くなったのか。
- 弔電のあて先（氏名・住所）、亡くなった方との続柄。
- 誰の名前で弔電を打つか。仕事の関係で弔電を打つ場合は、会社名や役職名を入れるかどうか。
- 弔事の電文は、前例にならって秘書がいくつかあらかじめ用意しておく。

弔事の用語 よく出る!

□社葬《しゃそう》	会社主催で執り行う葬儀のこと。
□会葬《かいそう》	葬儀に参列すること。
□喪主《もしゅ》	葬儀を行う主催者、執行名義人。通常は個人の後継者が喪主となる。
□弔問《ちょうもん》	死者の霊にあいさつし、遺族にお悔やみを述べるために訪問すること。
□弔辞《ちょうじ》	故人と関係の深かった人が葬儀で述べる言葉。
□遺族《いぞく》	故人の家族・親族。
□供物《くもつ》	神仏に供える品物や花で、通夜に間に合うように贈る。宗教によって供物が異なる。 仏教＝果物・茶・生花・造化など　キリスト教＝白い花 神道＝果物・酒・魚・榊
□供花《きょうか》	供物のひとつで、仏前または死者に供える花。
□喪中《もちゅう》	故人の身内が喪に服している期間（一年間）。

★★★ よく出る! 確認テスト

check! □□□

秘書Aは、上司の友人であるW氏が急逝したとの連絡を受けた。次は上司に報告するために確認したことである。適当なものには○、不適当なものには×をつけなさい。

❶葬儀を行う形式（宗教）。 ❷逝去の日時。
❸通夜・告別式の日程。 ❹葬儀の規模。
❺喪主の氏名。

解答・解説

❶ ○ 葬儀の形式は、香典の表書きの種類を決めるときなどに必要である。
❷ ○ 上司に報告するために、聞いておいたほうがよい。
❸ ○ スケジュール調整などのために、聞いておいたほうがよい。
❹ × 葬儀の規模は、香典や弔電などの準備などにはまったく関係のないことなので不要。
❺ ○ 喪主は葬儀の主催者なので、知っておくべきである。

出題ランク★★☆

17 贈答・お見舞いのマナー

取引先に贈答品を贈る時期、表書きの書き方は基本的な知識として身につけておきましょう。取引先をお見舞いするときのマナーも押さえておきます。

贈答品を贈るときのマナー

秘書の仕事では、お祝いやお礼の品を贈る機会が多いものです。贈答の種類によって、贈る品、時期、表書きなどの決まりごとがあります。

お祝い・お礼の贈りもの よく出る!

贈答の目的	贈る品	贈る時期	表書き
結婚祝い	先方の希望を聞いてから決めると喜ばれる。	結婚の知らせを受けたらなるべく早いうちに贈る。	御祝・寿・祝御結婚
受賞・受章	上司と相談して心をこめた品物。	知らせを受けたらできるだけ早く自宅に届ける。	御祝
賀寿	相手の趣味に配慮した品物。	お祝いの日に合わせる。	寿・祝御長寿・祝〇〇・〇〇御祝（〇〇には賀寿の種類を入れる。「祝還暦」など）
記念式・落成式	現金を包むことが多い。品物では絵画、陶磁器、調度品、酒、時計など。	お祝いの日に合わせる。	御祝・祝御落成など
お礼	上司と相談して決める。	仕事で世話になったときなどは、上司から指示されたらすぐに贈る。	御礼

受章と受賞

受賞……賞状や賞金を受けること。

受章……勲章《くんしょう》や褒章《ほうしょう》を国から受けること。

□勲章	勲功（国家に尽くした功労）を表彰して国家が授与する記章のこと。大勲位《だいくんい》以下、勲一等から勲八等まで、それぞれ菊花章《きっかしょう》、旭日章《きょくじつしょう》、瑞宝章などがある。そのほかに文化勲章がある。毎年、春と夏に受章者が発表される。
□褒章	優れた業績などを表彰して栄典（名誉の印として与える恩典）として国家が授与する記章のこと。藍綬、紅綬、黄綬、緑綬、紫綬、紺綬の６種がある。

賀寿の知識 よく出る!

賀寿	年齢	意味
□還暦《かんれき》	数え年の61歳	60年で再び生まれた年の干支に還ることから。
□古希《こき》(古稀)	70歳	中国・唐の詩人・杜甫「人生七十古来稀なり」の詩に由来。
□喜寿《きじゅ》	77歳	「喜」の草体「㐂」が「七十七」と読まれることから。
□傘寿《さんじゅ》	80歳	「傘」の略字「仐」が「八十」と読めることから。
□米寿《べいじゅ》	88歳	「米」の字を分解すると「八十八」になることから。
□卒寿《そつじゅ》	90歳	「卒」の異体字「卆」が「九十」と読まれることから。
□白寿《はくじゅ》	99歳	「百」の字の上にある「一」をとると「白」になることから。

季節の贈りもの よく出る!

名前	贈る品	贈る時期ー表書き
□中元	夏季にふさわしい品。	7月初旬から15日までー御中元 〈遅れた場合は次のように表書きを書いて送る〉 7月15日過ぎから立秋(8月8日ごろ)までー暑中見舞い 立秋過ぎから9月初旬までー残暑見舞い
□歳暮	中元よりも金額の上のものを選ぶ。	12月初旬から20日ごろまでー御歳暮 〈遅れた場合は次のように表書きを書いて送る〉 1月松の内(1月7日ごろ)から 立春(2月4日ごろ)までー寒中見舞い
□年賀	菓子やタオルなど。	年始回りの際に持参する。元旦から1月7日*までー御年賀

*地域によっては1月15日まで

こんなときどうする?

上司から「今年は取引先のT社の鈴木さんにもお中元を贈っておいてもらいたい」と言われたときの正しい対応は?

●送り先を鈴木さんの自宅にした。➡ △ 会社の関係者にお中元やお歳暮を贈る場合、自宅に送る場合と会社に送る場合がある。送る前に上司に確認すべき。

●来社した鈴木さんに希望の品を尋ねた。

➡ ✕ お中元やお歳暮を贈る際に先方に希望する品を聞くのは不適当。

お見舞いのマナー

上司の代理として秘書が病気やけがのお見舞いに行く場合のために、最低限のマナーを心得ておきましょう。

	選んでいいもの	選んではいけないもの	表書き
□病気見舞い	現金が喜ばれる。品物では、くだもの、菓子、切り花、相手が興味のありそうなもの。	鉢植えの花は「根付く」とされ、縁起が悪いものなので避ける。	御見舞・病気御見舞・祈御全快

表書きの書き方

贈答品を贈るときは、水引を印刷してある贈答用の紙であるのし紙に表書きを書き、贈り主の会社名や個人名は下部中央に小さく書きます。

連名の場合

御祝
田中正浩
佐藤優行
長谷利明
下位
上位

のし紙
水引を印刷している贈答用の紙

連名で贈る場合は最上位の人を右端に、順に左へ名前を書く。

連名の場合(4名以上)

御祝
田中正浩
外一同

連名の場合(あて名を書くとき)

御祝
桜井様
長谷利明
佐藤優行
田中正浩
上位
下位

あて名は左上に書く。その下に連名で記す場合は左から右へ職位の高い順に名前を書く。

現金を贈る

贈答では現金を贈る場合があります。祝儀や不祝儀で贈り方が異なりますので、注意しましょう。

現金の包み方

❶新札を用意して中包みに入れる。お祝いごとのときは中包みの表中央に金額を書き、裏の左下に住所と氏名を書く。

❷上包みは、慶事の場合は下を上にかぶせ、弔事の場合は上を下にかぶせる。

❸祝儀・不祝儀袋はふくさに包んで持参する。

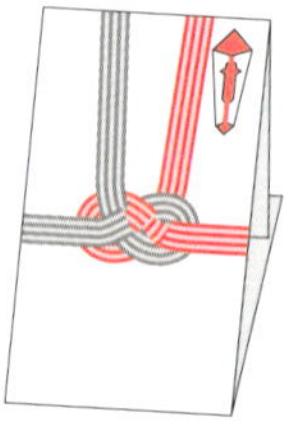

慶事の場合は下を上にかぶせる。

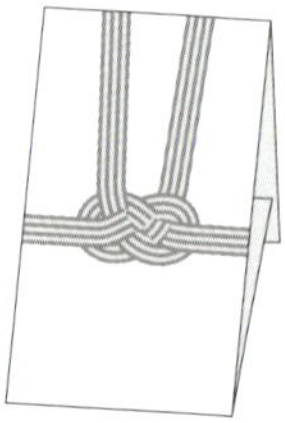

弔事の場合は上を下にかぶせる。

水引の結び方

一般慶事	紅白の水引が基本。蝶結びにする。
結婚祝い	金銀もしくは紅白の水引。結び切りにする。
弔事	黒白の水引。双銀のものもある。結び切りにする。

＊病気見舞いでは水引は結ばない。

蝶結び

一般慶事用の水引。花結びともいう。

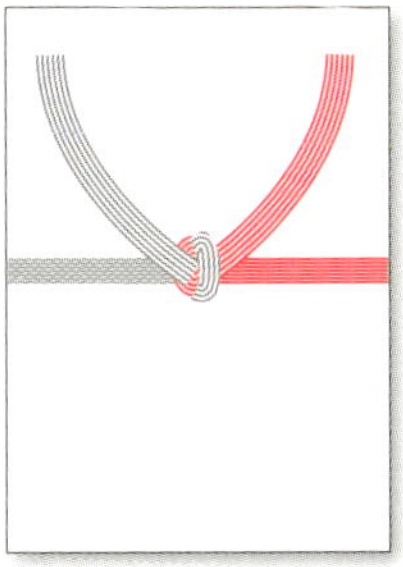

結び切り

結婚祝いや弔事など。「一度きり」という意味で結び切る。

★★★ よく出る! 確認テスト

check! □□□

秘書Aは、上司から「今回の仕事ではP社の営業部長にとてもお世話になったので、お礼に何か贈っておいてもらいたい」と言われた。次は、そのときにAが確認したことである。適当なものには○、不適当なものには×をつけなさい。

❶送るのは会社あてでよいかどうか。

❷いつごろまでに送ればよいか。

❸予算はどのくらいか。

❹品物の希望はあるか。

❺上書きは「粗品」でよいか。

解答・解説

❶ ○ 親密度によっては自宅に送る場合もあるので、会社か自宅かを聞いておいたほうがよい。

❷ × 取引先に世話になったお礼は、上司から指示されたらすぐに行うものである。「いつごろまでに」送るかは確認する必要がないということになる。

❸ ○ 「慣例でよいか」など、確認しておくとよい。

❹ ○ 上司の希望の品があるかどうか確認するとよい。

❺ × 表書きは「御礼」とするのが適当である。

よく出る

おさらいテスト

解答と解説はP.144～146にあります。

問題1

check! □□□

次は、秘書Aが日ごろ行っていることである。中から適当なものを選びなさい。

❶来客に場所を聞かれたときは、「あちらです」と人差し指を指して示すようにしている。

❷上司に呼ばれたとき、すぐに行けない場合は返事だけをして、後で「お待たせしました」と行くようにしている。

❸上司にものを渡すとき、ペンなどの小さなものでも両手で渡すようにしている。

❹知人に会ったとき、相手が気づいていなければ声をかけないようにしている。

❺パソコン作業中に上司が話しかけてきたときは、作業の手を止めて、体と顔を上司に向けて座り直すようにしている。

問題2

check! □□□

次は、話し方について述べたものである。中から不適当なものを選びなさい。

❶相手が理解しやすいように、できるだけやさしい言葉や表現を使うとよい。

❷相手の興味をひくために、身振り・手振りを加えて表現するとよい。

❸相手が集中して聞けるように、できるだけ間をおかずに話してあげるとよい。

❹話すときは、相手の感情を害さないように、言葉を選ぶことも必要である。

❺話をするときは、相手に気持ちよく聞いてもらうために、感じよく、ほほえみを絶やさないようにするとよい。

問題3

check! □□□

次は、忠告・注意の受け方について述べたものである。中から不適当なものを選びなさい。

❶忠告や注意について納得がいかないときは、同僚などに意見を聞いてみるとよい。

❷注意されたことはくり返さないように反省するが、その後は気持ちを切り替えて仕事をするのがよい。

❸忠告を受けたとき、直し方がわからない場合はどのように直せばよいかを相手に教えてもらうのがよい。

❹忠告が勘違いによるものだと思われるときも、口をはさまず、自分に反省するところはないかを考えるとよい。

❺注意が誤解によるものであった場合は、機会をみて誤解だと伝えるのはよい。

問題 4

check! □□□

次は、報告のしかたについて述べたものである。中から適当なものを選びなさい。

❶報告がいくつかあるときは、すぐに済ませられるものから先に話す。
❷指示された仕事にトラブルが発生したときは、トラブルを処理してから報告をしなければならない。
❸報告内容には、判断材料となるので、あればうわさ話を付け加える。
❹報告をするときは、相手の都合を聞いてから始める。
❺報告をするときは、相手に敬意を示して直立不動で話をする。

問題 5

check! □□□

次は、秘書Ａが上司（部長）が知人のＳ氏に直接手紙を書くかどうかを尋ねたときの言い方である。中から不適当なものを選びなさい。

❶「この手紙は部長がお書きになりますか」
❷「この手紙は部長が書かれますか」
❸「この手紙は部長が書いてくださいますか」
❹「この手紙は部長がお書きしますか」
❺「この手紙は部長が書いていただけますか」

問題 6

check! □□□

次は、秘書Ａが上司（部長）に使った言葉である。中から不適当なものを選びなさい。

❶「この件については存じ上げませんでした。申し訳ございません」
❷「お客様には私からお電話でお伝えいたしましょうか」
❸「課長が、部長にもＴ社との面談にご同席いただきたいとのことです」
❹「お約束のＴ様がお見えになりました。応接室にご案内してもよろしいでしょうか」
❺「課長がその件について今後の予定を仰せになりたいとのことでした」

問題 7

check! □□□

次は、秘書Ａが上司や来客に使った言葉である。中から不適当なものを選びなさい。

❶上司から、この文書を郵送してほしいと言われて、「かしこまりました」
❷来客から、皆さんで分けてくださいと手土産を渡されたとき、「承知いたしました」
❸来客に、会社までの道順を電話で伝えた後で、「おわかりになりましたでしょうか」

解答と解説はP.144～146にあります。

❹相手を説得しているとき、「どうかご理解いただけないでしょうか」
❺理不尽な要求をしてくる相手に向かって、「そのようなことは承知いたしかねます」

問題 8

check! □□□

次は、秘書Aがお茶の接待で行ったことである。中から不適当なものを選びなさい。

---

❶客が何人かいるときは、ティーカップの向きを同じにするようにしている。
❷長時間にわたる面談のときは、初めにお茶を出し、様子をみてコーヒーや紅茶を出すようにしている。
❸お茶を出すときは来客から出し、お茶を下げるときも来客から下げている。
❹面談中に上司が席を離れてすぐに戻らないときは、来客にお茶を代えようかと尋ねてみる。
❺定期的に同じ時刻に訪れる客には、サイドテーブルにお茶を用意してすぐに出すようにしている。

問題 9

check! □□□

次は、営業部長秘書A（吉田）の電話応答の事例である。中から不適当なものを選びなさい。

---

❶Aの机上の内線電話に出て、「はい、営業課の吉田です」と話した。
❷呼び出しベルが５回鳴ってから受話器をとって、「大変お待たせいたしました」と話した。
❸上司の机上の内線電話に出て、「はい、営業部長の山崎（部長の名前）の席でございます」と話した。
❹上司に取り次ぐとき、「少々お待ちくださいませ」と言ってから保留ボタンを押して上司に取り次いだ。
❺用件を聞くときは、「お差し支えなければ」と前置きの言葉を話すようにしている。

問題 10

check! □□□

次は、部長秘書Aの電話での応対である。中から適当なものを選びなさい。

---

❶上司が面談中に、上司夫人から電話があったので、「ご主人様は、ただ今面談中でいらっしゃいますが」
❷上司が不在中に、上司あての電話がかかってきたので、「ただ今席をはずしておりますので、改めてお電話をいただけますでしょうか」
❸電話を切るときは「ごめんくださいませ」と言う。
❹上司がD支店へ出かけているとき、客からの電話に「ただ今D支店におります。

今から番号をお伝えしますので、そちらにおかけくださいませ」
❺相手の声が小さくて聞きづらかったので、「恐れ入ります。もう少し大きな声でお願いいたします」

問題 11
check! □□□

秘書Aは1階でエレベーターに乗り、自分の会社がある7階のボタンを押した。次は、それからA子のとった行動である。中から<u>不適当</u>なものを選びなさい。

❶ドアが閉まりかけたとき、何人か駆け寄ってきたので「開」のボタンを押してドアを開けた。
❷エレベーターに入ってきた人に、どこの会社に用があるかと聞き、その会社がある3階のボタンを押した。
❸そのまま操作パネルの前に立ち、3階で人が降りるとき、軽く礼をした。
❹入れ違いに人が入ってきたので、上に行くが何階かと聞いた。
❺「8階です」と言われたので、8階のボタンを押した。

問題 12
check! □□□

秘書Aは上司の代わりに結婚式に出席した。次は、当日Aが式で行ったことである。中から適当なものを選びなさい。

❶周りの服装に合わせて光沢のあるドレスを着て行った。
❷上司と相談してお祝い金を決め、「御結婚祝」と表書きした祝儀袋に自分の名前を書いて受付に渡した。
❸受付に、「本日はおめでとうございます」といって祝儀袋を渡した。
❹仕事後に結婚式に出席したので、着替えの入ったバッグを席の横に置き、コートを椅子の後ろにかけた。
❺結婚式といっても仕事の一つなので、スタッフがグラスにワインをつごうとしたときは「仕事中です」と言って断った。

問題 13
check! □□□

次の、弔事の用語とその説明の文のうち、<u>不適当</u>なものを選びなさい。

❶遺族とは、死亡した人の家族や親族のこと。
❷訃報とは、死亡の知らせのこと。
❸喪主とは、葬式を執り行う執行名義人のこと。
❹会葬とは、会社が喪主となって執り行う葬式のこと。
❺昇天とは、キリスト教でいう「死去」のこと。

解答と解説はP.144～146にあります。

問題 14

check! □□□

秘書Aは、上司から、急逝した友人の告別式に参列するので香典袋を用意してほしいと言われた。次はAが香典袋を用意するために確認したことである。中から不適当なものを選びなさい。

1. 現金を入れておいたほうがいいか。
2. 告別式の形式（宗教）は何か。
3. 会社名と役職名を付けるか。
4. いつまでに用意すればいいか。
5. 表書きは「御霊前」でよいか。

問題 15

check! □□□

秘書Aは、けがで入院した取引先のH氏のお見舞いに行くことになった。次は、Aがお見舞いに関して行ったことである。中から不適当なものを選びなさい。

1. お見舞いに行く前に取引先の会社に連絡し、「今からH氏のお見舞いに行く」と伝えた。
2. お見舞いの品は、鉢植えの花を避けて花束にした。
3. 相部屋だったので、同室の人に軽く会釈をした。
4. H氏が好きだからといって上司から預かったCDを、花束と一緒に渡した。
5. 部屋にあった花瓶の花が少ししおれていたので、花をとりかえてもよいかと尋ねて、よいということだったので花束の花を生けた。

問題 16

check! □□□

次は、秘書Aが贈答の表書きに書いたことである。中から不適当なものを選びなさい。

1. 取引先への年始回りに「年賀」
2. お中元が7月末になってしまったので「残暑見舞い」
3. 同僚の病気のお見舞いに「御見舞」
4. 取引先の新社屋完成のお祝いに「祝御落成」
5. 同僚の出産祝いに「御出産祝」

問題17

check! □□□

次の言葉遣いを適切な接遇表現に直しなさい。

❶いいです。
❷なんの用ですか。
❸それは知りませんでした。
❹ええ、そうです。
❺そのとおりです。
❻忙しいところ、すみませんが〜。
❼どうしましょうか。
❽お名前は何ですか。

問題18

check! □□□

次の言葉を適切な応対の言葉に直しなさい。

❶（来客に対して）今、浅井常務は外出しています。
❷（営業課長に対して）今、浅井常務は外出しています。
❸（上司の子息に対して）今、浅井常務は外出しています。

問題19

check! □□□

秘書Aの上司（部長）が外出中、Aがお会いしたことのない客が「部長に会いたい」と予約なしに訪れた。次は、このときAが対応した言葉である。下線部に適切な接遇表現を入れなさい。

＿＿＿❶＿＿＿が、＿＿＿❷＿＿＿でしょうか。
＿＿＿❸＿＿＿が、ご用件を＿＿＿❹＿＿＿でしょうか。

問題20

check! □□□

次の祝い（賀寿）について、当てはまるものを下の囲みの中から選びなさい。

❶ 数え61歳（満60歳）　❷ 70歳　❸ 88歳
❹ 90歳　❺ 99歳　❻ 77歳
❼ 80歳

ア. 卒寿　イ. 還暦　ウ. 白寿　エ. 古希（古稀）　オ. 米寿　カ. 喜寿　キ. 傘寿

解答と解説はP.144～146にあります。

問題 21

check! □□□

次は、秘書Aがお昼に開いた会議で来客たちに出したお弁当とお茶の位置である。資料は少なく、テーブルの上は置くスペースが十分にあった。中から適当なものを選びなさい。

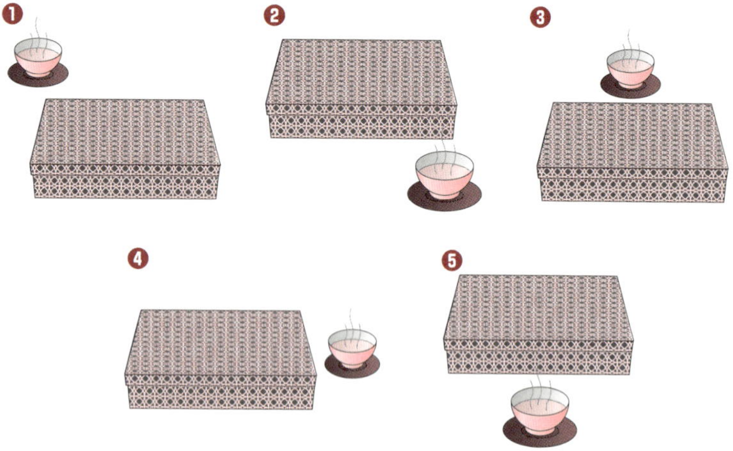

問題 22

check! □□□

次は、秘書Aは来客を案内しているところだが、案内が不適切である。❶それはなぜだと思うか。❷Aはどのようにすればよいか、を答えなさい。

問題
23
check!
□□□

取引先の担当者が２人、面談に訪れる。自社の出席者は上司を含めて３人である。応接室の見取り図が次のようなとき、どのように座ってもらうのがよいか。中から適当なものを選びなさい。

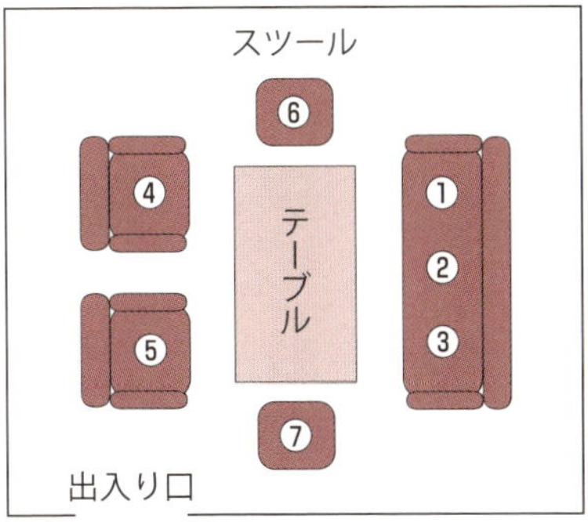

❶①②一取引先側の席、④⑤⑥一自社側の席
❷①②一取引先側の席、④⑤⑦一自社側の席
❸①②一取引先側の席、③④⑤一自社側の席
❹②③一取引先側の席、④⑤⑥一自社側の席
❺①⑥一取引先側の席、④⑤⑦一自社側の席

問題
24
check!
□□□

次は秘書Ａがエレベーターまで来客を見送りをしている状況である。ちょうどエレベーターのドアが閉まりかかっているが、見送り方が不適切である。❶それはなぜだと思うか。❷Ａはどのようにすればよいかを答えなさい。

おさらいテスト 解答と解説

問題1

③

❶ 場所などを指し示すときは、指をそろえて片手全体で指し示すとていねいに見える。
❷ 返事をして、すぐに呼ばれたところに行く。
❸ 小さなものでも両手で渡すとていねいに見える。
❹ 相手が気づいていなくても、こちらから声をかけるとよい。
❺ 座り直すだけでは不適当で、立ち上がって手を前で重ねて、話を聞く準備をする。

問題2

③

❸ 相手の注意をひくためには、適度な間をおいて話をするほうがよい。間をおかない話し方は逆効果である。

問題3

①

❶ 相手が要求するレベルや考えに達していないときに、忠告や注意を受けるのであって、自分が納得がいくかどうかは関係ないことである。したがって同僚などに意見を聞くのも意味がないことである。

問題4

④

❶ 報告がいくつかあるときは、重要なもの、急ぎのものから先に話す。
❷ 指示された仕事にトラブルが発生したときは、発生した時点で報告をする。
❸ 報告では事実を重視する。
❹ 報告をするときは、相手の都合を聞いてから始めること。
❺ 直立不動は尊大な印象を与えることがある。報告の姿勢は、やや前傾姿勢が適当。

問題5

④

❹「お書きする」は謙譲語で、秘書が部長に対して使わない。

問題6

⑤

❺ 伝言を伝える場合も職位を反映させる。課長が部長にへりくだることになるのに、「言う」の尊敬語「仰せになる」を使うのは不適当。正しくは「言う」の謙譲語を用いた「～予定を申し上げたいとのことでした」

問題7

②

❷ 相手は客なのだから、「承知いたしました」という前に、「どうもありがとうございます」と、手土産をもらったことの礼を言わなければならない。

問題8

⑤

❺ サイドテーブルにあらかじめ用意しておくのは不適当である。

問題9

❸

❸ 内線電話だから相手は社内の人なので、上司の名前を呼ぶときは敬称をつけなければならない。正しくは「山崎部長の席でございます」など。

問題10

❸

❶ 上司の夫人（上司の身内）に対しては、「ご主人様」ではなく「部長（役職）」または「部長さん」という呼び方を使う。

❷ 改めて電話をしてほしいとお願いするのは不適当。「いかがいたしましょうか」と聞くか、こちらから電話をするように言うのが適当である。

❸ 適当な言い方である。

❹ 社外の人に、上司の連絡先を教えてはいけない。

❺ 相手の電話の声が聞こえにくいときは、「恐れ入ります。少々お電話が遠いようですが」などという。

問題11

❷

エレベーターでのマナーは、回数は少ないものの、過去に出題されている。次のようなことに注意する。❶上位者と一緒にエレベーターに乗ったら、自分が操作パネルの前に立ってボタンを操作する、❷操作パネルの前にいるときは、乗り込んだ人に何階に行くのか声をかけるようにする。ただし、ボタンを操作するのに、何階かを聞くのは必要だが、どこの会社かを聞く必要はない。したがって❷は不適当。

問題12

❸

❶ 秘書が上司の代理で出席するときは、スーツやワンピースにコサージュをつける程度の準礼装にする。

❷ 祝儀袋には上司の名前を書く。

❹ 大きな荷物やコートはクロークに預け、席には手回り品だけを持っていくこと。コートを椅子の後ろにかけるのはよいマナーとはいえない。

❺「仕事中です」といって断るほどのことではない。

問題13

❹

❹ 会葬とは、葬式に参列することである。

問題14

❸

❸ 私的な香典に会社名と役職名は付けない。友人の告別式と伝えられたのだから、参列は私的なものとわかっている。付けるかどうかをわざわざ聞く必要はない。

問題15

❶

❶ 仕事上の関係とはいえ、お見舞いはプライベートに関することなので、H氏の会社に連絡するのは不適当。

問題16
❷

❷ 7月15日過ぎから８月８日ごろの立秋までは、お中元の表書きは「暑中見舞い」になる。

問題17

❶ 結構でございます。　❷ どのようなご用件でしょうか。
❸ その件（そちら）は存じませんでした。
❹ はい、さようでございます。　❺ ごもっともでございます。
❻ お忙しいところ、恐れ入りますが（恐縮でございますが）～。
❼ いかがいたしましょうか。　❽ お名前は何とおっしゃいますか。

問題18

❶ ただ今、常務の浅井は外出いたしております／出かけております。
❷ ただ今、常務は外出なさっていらっしゃいます／お出かけでいらっしゃいます。
❸ ただ今、常務さん／浅井常務は外出なさっていらっしゃいます／お出かけでいらっしゃいます。

問題19

❶ 失礼ですが・恐れ入りますが　❷ どなた様
❸ 失礼ですが・恐れ入りますが
❹ お聞かせ願えません・お聞かせくださいません

問題20

❶ イ　❷ エ　❸ オ　❹ ア　❺ ウ　❻ カ　❼ キ

問題21
❹

お弁当は手前、お茶わんは茶托にのせて右横に置く。

問題22

❶ ドアが内開きなのに、廊下に立って来客を先に通している。
❷ ドアを開けたら、Ａは先に入り、ドアを押さえて来客を招き入れる。

問題23
❷

奥の席やソファが上座になるので、取引先の担当者に優先して座ってもらう。背もたれや肘掛けのないスツールは補助席なので、奥側にあっても取引先にすすめない。

問題24

❶ 来客がエレベーターに乗ってこちらを向いているのに、体を曲げてお辞儀をしていない。
❷ 体を30度くらい曲げてお辞儀をし、ドアが閉まるまでその姿勢を続ける。笑顔で見送る。

Part5

実技編　技能

試験の形式

選択式問題　**8問出題** ➡ 目標正答数は　**6問**
記述式問題　**2問出題** ➡ すべて書くことを目標に

試験問題の傾向

◇選択式

- 郵便物の知識・オフィス用品に関する知識がよく出題されています。ほかにも暗記しておけば解ける問題がたくさんあります。
- スケジュール管理・各種文書の取り扱いなどは、理論編の考え方やセンスとともに問われます（スケジュール管理と独断専行を絡めた問題など）。

◇記述式

- 手紙のあて名・文書に関する知識は頻出分野です。
- イラストで示された事務用品の名前を書かせる問題もよく出題されています。

試験対策と勉強法

- この科目でも理論編を十分理解しておくことが必要です。
- 暗記中心の分野が多いので、本書を漫然と読み進めるのではなく、用語などは赤シートを使って効率的に覚えましょう。
- 記述式では、「手紙のあて名」「社内文書」の問題はおさらいテストや過去問題を何度も解いておく必要があります。
- 事務用品とオフィスの環境はイラストで視覚的に覚えておきましょう。

出題ランク ★☆☆

1 会議の基礎知識

企業では会議を行う機会が多くあります。この分野の出題率は高くないものの、秘書は会議についての基礎知識をもっておかなくてはなりません。

会議の分類

会議は次のように目的別、形式別に分類することができます。また、株式会社の会議には、会社法で定期的な設置が義務づけられた法定会議*があります。

目的別分類

□説明会議	ある情報を伝え、説明するための会議。
□研究会議	情報交換と研究発表を行う会議。
□研修会議	教育訓練と相互啓発を目的とした会議。
□問題解決会議	ある問題について参加者の意見を聞き、改善策を探る会議。
□アイデア会議	アイデア交換・情報収集を目的とした会議。

形式別分類

□シンポジウム	あるテーマについて、その専門家が講演形式で発表し、終了後に参加者たちの質疑応答がある。
□パネル・ディスカッション	意見の異なるパネラーが討論する。その後、参加者たちが話し合う場がある。
□フリー・トーキング	「円卓会議」ともいう。席次は関係なく、参加者が自由に発言する。
□ブレーン・ストーミング	自分の意見を自由に述べ合い、他の人の意見は批判しない。
□フォーラム	公共的なテーマについて公開討論を行うこと。参加資格はなく、参加者は意見交換や質疑応答に参加する。
□バズ・セッション	参加者が少人数のグループに分かれて特定のテーマについて話し合い、グループの代表者がその結果を公表する。

株式会社の会議

□株主総会	株主によって構成される。会社運営上の基本事項を決めるための最高機関。法定会議の一つ。
□取締役会《とりしまりやくかい》	株主総会で選任された取締役により構成される。会社の業務執行など経営活動全般の基本方針を決定する。法定会議の一つ。
□常務会	社長、副社長、専務取締役、常務取締役などにより構成される。事実上、会社の業務執行の最高方針を決定する。法定会議ではない。

＊法定会議　会社法で年1回以上の開催が義務づけられている会議。会社法ができる以前の商法の下で取締役会は定期的な設置が義務づけられていた。2006 年 5 月施行の会社法では、取締役会を置かないことが可能となったが、上場会社など公開会社では設置が義務づけられている。

★★★ よく出る! 確認テスト

check! □□□

次は、株式会社の重要会議とその説明である。適当なものには○、不適当なものには×をつけなさい。

❶株主総会＝株主で構成され、取締役・監査役の選任と解任、定款の変更、会社の合併などを決定する法定会議。

❷株主総会＝決算期ごとに開催される会議で、毎年 1 回だけ行われる。

❸取締役会＝代表取締役の選任、新株・社債の発行などが決議される会議。

❹取締役会＝すべての取締役と監査役で構成され、過半数の出席によって成立する。

❺常務会＝常務以上の役職で構成される法定会議。

解答・解説

❶ ○ 株主総会は、株主によって構成される、会社の意思を決定する経営の最高機関である。会社の意思を決定する基本的事項には、取締役・監査役の選任と解任、定款の変更、会社の合併や解散などがある。

❷ × 株主総会には、毎年 1 回決算期ごとに開催される定時総会と、必要なときに招集される臨時総会とがある。

❸ ○ 取締役会では、代表取締役の選任、新株の発行、社債の発行などの経営方針を決める。

❹ ○ 取締役会は、株主総会によって選任されたすべての取締役と監査役によって構成されている。

❺ × 常務会は、社長、副社長、専務、常務などの役付取締役で構成されている。事実上の会社の業務執行を取り決めるが、法定会議ではない。

出題ランク★★☆

2 会議に関する業務

会議の業務は、「上司が会議に参加する場合」と「上司が会議を主催する場合」によって異なります。よく出題されるのは「上司が会議を主催する場合」です。①会議を開催する前の準備→②開催中の業務→③開催後の業務、と順を追って把握しておきましょう。

会議の予備知識

秘書は、会議の開催にあたって、次のようなことを把握します。

- 会議の日時と会議名。
- 上司が主催するのか、参加者として出席するのか。
- 会社外部の会議か、会社内で開催する会議か。
- 定例会議か、臨時会議か。

上司が参加者として会議に出席する場合

上司が参加者として会議に出席する場合、秘書は次のようなことを行います。

- 上司が出席するかどうかを確認し、スケジュール調整をする。
- 出欠の返事を出す。
- 会費、資料を手配する。
- 会場までの行き方・所要時間を調べ、必要であれば交通機関の座席、宿泊の手配をする。

上司が会議を主催する場合

上司が会議を主催する場合は、事前の準備に時間と手間がかかります。1つひとつの準備に抜かりがないか、チェックしながら進めていきます。

会議準備の手順 よく出る!

1 会場の選定・予約

- 上司の指示を受けてそれに合った会場を選ぶ。

2 参加者へ開催案内を通知。

- 文書、電話、電子メール、口頭のいずれかで案内をする。最終的には文書にして確認してもらう。

  社内会議の場合……通常は電話や簡単な文書、メールで連絡する。（社内の定例会議の場合は席上で次回会議の日時、議題を決めることが多いので改めて通知しないことがある。）

  社外会議の場合……開催日の１カ月前に文書にて案内する。

- 会議開催の案内状に記載する事項
  - ・会議の名称
  - ・開催日時（開始時間・終了予定時間）
  - ・開催場所（地図・電話番号・階・室名や部屋番号）
  - ・議題
  - ・出欠の連絡方法（締切日）
  - ・主催者名
  - ・担当者名と連絡先
  - ・その他の必要事項（会費、駐車場の有無など）

- 出欠を確認し、出席者リストを作成する。

3 資料の準備

- 資料は、予備として出席者数分より多く作っておく。

4 会議中の業務についてスタッフと打ち合わせ

- 会場の設営のしかた　● 受付・案内
- クローク　● 会費の取り扱い
- 茶菓の接待の役割分担
- 議事録の有無　● 会議中の電話の扱い

こんなときどうする?

●上司主催の社内会議の準備を指示されたので、会議室の席順を決めて名札を用意した。

➡ ✕ 社外の人が集まる会議ではこういった準備が必要だが、社内会議の席順は一般的に社内の職位や序列で決まっている。また、席順があらかじめ決まっている会議、また席順を決めない会議では名札の必要はない。

2 会議に関する業務

設営形式

□円卓式

お互いの顔が見えて、意見交換しやすい。自由に話し合う場合に適している。ただし人数に限界があり、1つの机で20人くらいまでが適当。

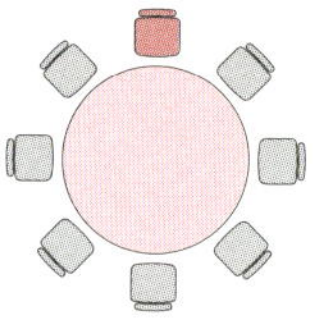

□ロの字型

中央に空きを作ってロの字型に机を並べる。人数が多く、出席者が互いによく見えるような場合に用いる形式。

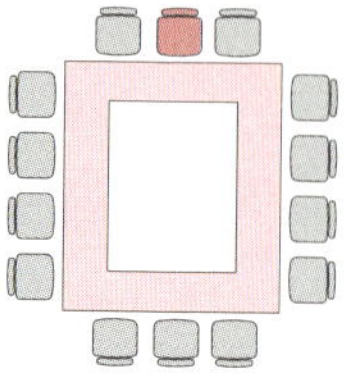

□コの字型・Vの字型

リーダーがホワイトボードやスクリーンを使うときに用いる方法。

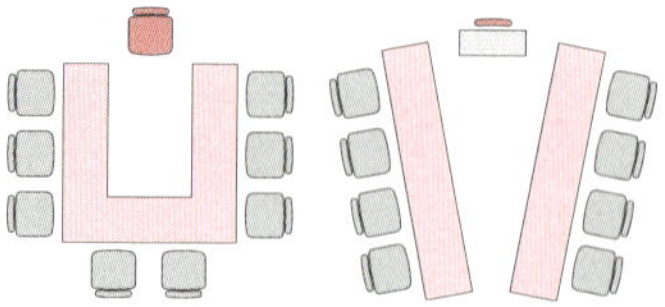

□教室型

株主総会のように出席人数が多い会議や、多人数に情報を伝達する会議に用いる。

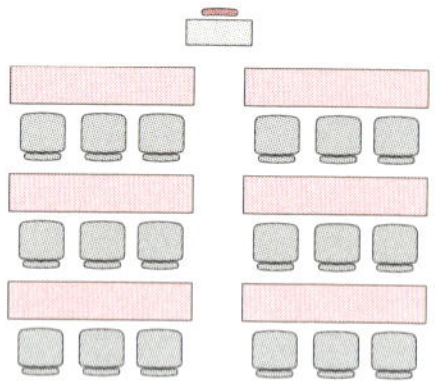

会議直前・会議中の業務 よく出る!

1 受付

- 入口に受付を設けて、出席者をチェックする。
- 必要資料を渡す。
- 出席者からコート、かばんなどを預かり、クロークに保管する。

2 会場管理

- 会議前と会議中は、冷暖房、照明、換気、騒音などに注意する。
- 関係者以外の無断立ち入りを防ぐ。

3 電話の取り扱い

- 会議出席者への電話の取り次ぎは、事前に上司と相談して決めておく。
- 緊急の用件は、メモで取り次ぐようにしておく。

4 茶菓の接待

- お茶や食事を出す時間を、事前に上司と打ち合わせておく。

会議後の業務

1 出席者を見送る

- 出席者には、預かった持ち物を間違いのないように渡す。
- 出席者には、会議中に入った伝言や電話メモを忘れずに伝える。

2 会議の後始末

- 会場に忘れ物がないかをチェックする。
- 冷暖房、換気、照明のスイッチを切る。
- 部屋を整えて、戸締まりをする。
- 資料や備品を片付ける。
- 手伝ってくれた関係者へお礼を言う。
- 会議室の管理室に会議終了を連絡する。

3 議事録などの作成

- 必要なら、議事録、報告書を作成する。
- 必要なら資料をファイルする。

★★★ よく出る! 確認テスト

check! □□□

次は、Aが社外の人を集めて行う会議の案内状に書いたことである。適当なものには○、不適当なものには×をつけなさい。

❶開催日時
❷会議の名称
❸主催者（役職名のみ）
❹出欠の回答期限
❺同封資料について
❻採決の方法
❼事務局担当者名
❽付近の有料駐車場

解答・解説

❶ ○ 開催日、開始時刻と終了予定時刻を記す。
❷ ○ どんな会議かを知らせるために必要である。
❸ × 社外会議の通知の場合、主催者名は会社名と個人名を書く。役職名のみ書くのは、社内会議の通知の場合である。
❹ ○ 出席者リストを作成するために、出欠回答に期限を設ける。
❺ ○ 同封資料があれば、その旨を記載する。
❻ × 採決の方法は書かない。
❼ ○ わからないことがある場合、誰に問い合わせたらよいかがわかるようにする。
❽ ○ 車で来る人が想定される場合、駐車場の有無や付近の有料駐車場の場所などを書いてもよい。

出題ランク★★☆

3 日程管理の基礎知識

多忙な上司のスケジュール管理は、秘書の大切な業務の一つです。3級では、「スケジュール管理時の配慮」「出張時のスケジュール管理」がよく出題されています。

予定表の基礎知識

秘書は、上司の予定を正確に把握しておかなければなりません。そのために予定表を作成して、上司の予定がどのような状況かがわかるようにしておきます。

予定表の種類

□年間予定表

年間を通じての予定を一覧表にしたもの。会社の行事、業界の定例行事を書き込んでおく。会社によっては、決算期によって半期予定表を作ることもある。

□月間予定表

1カ月の予定を一覧表にしたもの。

○○年 10月

日	曜	適　用	日	曜	適　用
1	水	10:00～11:00 部内会議	16	木	14:00～15:00 企画会議
2	木	名古屋出張	17	金	
3	金	13:00～ 豊田工場視察	18	土	13:00集合 社内ゴルフコンペ
15	水		30	木	10:00～12:00 常務会
		18日 社内ゴルフコンペ (桜井カントリークラブ)	31		

□週間予定表

1週間の予定を表にまとめたもの。秘書が日常業務の中でもっとも頼りにする予定表で、通常は見開きで1週間になっているものを利用する。

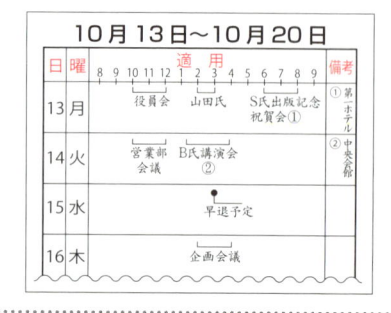

10月13日～10月20日

日	曜	適　用（8 9 10 11 12 1 2 3 4 5 6 7 8 9）	備考
13	月	役員会　山田氏　S氏出版記念祝賀会①	①第一ホテル
14	火	営業部会議　B氏講演会②	②中央会館
15	水	早退予定	
16	木	企画会議	

□日々の予定表

その日、その日の上司の行動予定を時分単位で記したもの。上司の1日の予定を細かく把握するときに必要となる。

	10月29日（水曜）	備　考
8		
9		
10	新宿商事打ち合わせ	井上部長ほか8名（第1会議室）
11		
12	高橋氏会食	レストラン グラン

スケジュール管理のポイント　よく出る!

スケジュールは上司が決めるのが原則です。次のようなことにも注意します。

- スケジュールの調整では常に上司と相談する。何を優先するかは上司が決める。
- 交通所要時間は、車の渋滞、乗り継ぎ時間などを考慮して、最長時間を想定する。
- 外出の直前・直後などは遅れを考えて、余裕をもたせる。
- 予定の変更は、変更前の予定もわかるように2本線で消すか、赤字で訂正する。

出張時のスケジュール管理　よく出る!

上司が出張中のスケジュール管理は次の点に注意します。「上司の出張に関する業務」（P.54～55）もチェックしておきましょう。

- 出張時の旅程表は通常の予定表とは別に作成する。
- 秘書が上司の出張について把握しておくこと。

・交通機関の出発・到着時刻　・電車での座席番号
・出張先でのスケジュール　・出張時の仕事相手（所属、氏名など）
・宿泊先の電話番号

★★★ よく出る! 確認テスト

check! □□□

次は、秘書Aがスケジュール管理で心がけていることである。適当なものには○、不適当なものには×をつけなさい。

❶昼食の前後はできるだけ予定を入れないようにしている。

❷上司の体調がよくないと感じたら、予定を変更しようかと聞いてみる。

❸自分の仕事が立て込んでいるときは、なるべく上司の予定を入れないようにしている。

解答・解説

❶ ○ スケジュールは、ゆとりをもって組むようにする。

❷ × 予定をどうするかは尋ねてもいいが、「予定を変更しようか」のような主導的な言い方は不適当である。

❸ × 自分の仕事が立て込んでいるときに上司の予定を入れないというのは、自分の負担を軽くするため。上司の補佐役である秘書が行うことではない。

出題ランク★★★

4 社内文書

社内文書の種類では、特に「稟議書《りんぎしょ》」について出題されています。どういった種類の文書なのか正確に覚えておきましょう。また、記述式問題では、社内文書の基本的な形式がよく問われます。社内文書に必要な要素を把握しておきましょう。

社内文書の種類

ビジネス文書の中でも、会社内での通知や報告に使用される文書を**社内文書**といいます。社内文書には次のような種類があります。

社内文書の種類 よく出る!

□**稟議書**	作成した案を、行ってもいいかどうかを関係者に回して承認をもらい、最後に決裁権をもつ上司から決裁を受ける文書。
□**報告書**	行ったことを報告するための文書。出張報告書、業務報告書など。
□**指示書**・**命令書**	上部からの指示や命令を伝えるための文書。
□**通知書**	実施や開催を通知する文書。臨時会議開催の通知書など。
□**回覧文書**	連絡事項を社員内で回覧して通知する文書。

社内文書作成のポイント

情報や指示をわかりやすく簡潔に伝えるために、次のようなことに気をつけます。

- **あいさつ**文は省略する。
  冒頭の**あいさつ**は省略し、最後は「**以上**」で締めくくる。
- 「です・ます」体（敬体）を使う。
  「〜いたします」「〜申し上げます」などの最敬体は使わない。
- 一般的に**横書き**にする。
  横書きは、アラビア数字や外国語が書きやすいなどの利点がある。

- 数字表記を統一する。
  - ・数字は、一般的にアラビア数字（1、2、3……）を使う。
  - ・固有名詞と熟語は漢数字を使う。例 四国、三番町、四季、第一印象など。
  - ・概数は漢数字を使う。例 数十人、二百余人など。
  - ・桁数の多い数字は、漢数字とアラビア数字を組み合わせる。
    例 1,200 億、 360 万円など。

社内文書の形式

社内文書には、必要な記載事項と形式があります。特に必要事項は箇条書きにすることを覚えておきましょう。

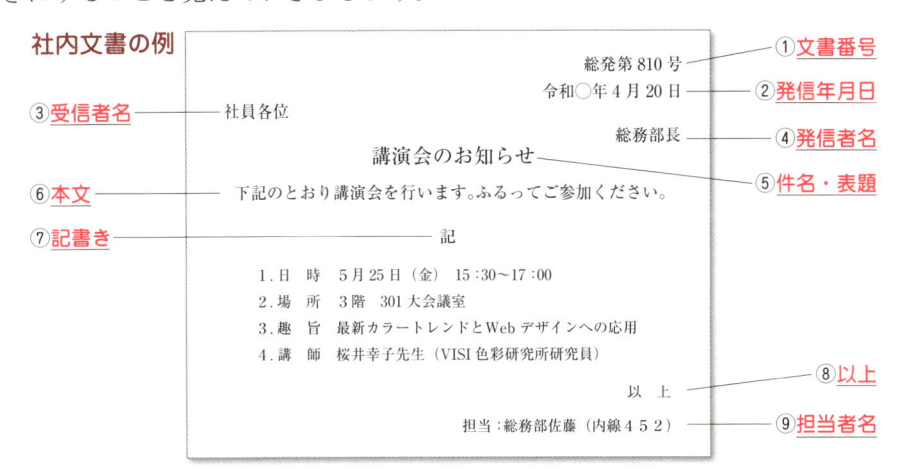

社内文書の例

総発第 810 号 ―― ①文書番号

令和◯年 4 月 20 日 ―― ②発信年月日

③受信者名 ―― 社員各位

総務部長 ―― ④発信者名

講演会のお知らせ ―― ⑤件名・表題

⑥本文 ―― 下記のとおり講演会を行います。ふるってご参加ください。

⑦記書き ―― 記

1．日　時　5 月 25 日（金）　15：30～17：00

2．場　所　3 階　301 大会議室

3．趣　旨　最新カラートレンドとWeb デザインへの応用

4．講　師　桜井幸子先生（VISI 色彩研究所研究員）

以　上 ―― ⑧以上

担当：総務部佐藤（内線 4 5 2） ―― ⑨担当者名

❶文書番号　日付の上に入れる。正式な文書であることを示すもので、記号を使う場合もある。あまり重要でない文書ではつけない。

❷発信年月日　西暦か元号かを会社で統一されていることがある。

❸受信者名　あて名は役職名だけを書く。複数にあてるときは「各位」とする。例 部長各位

❹発信者名　個人名ではなく、役職名だけを書く

❺件名・表題　簡潔に書く。その後ろに文書の種類をカッコ書きで表すとわかりやすい。
例（報告）（通知）

❻本文　簡潔に書く。「拝啓」「前略」などの頭語や時候のあいさつは不要。

❼記書き　「本文は簡潔にするので、必要な事項は以下に記入する」という意味を表す。その際、本文には「下記のとおり」という文句を入れる。

❽以上　「これで終わり」という意味。最終行の次の行の終わりに必ず書く。

❾担当者名　直接の担当者名とその連絡先を書く。

こんなときどうする?

よく出る!

上司の総務部長から総務部社員向けに社内文書を書くように指示された。次のようにしたが、これらは適切か？ それとも不適切？

●部内社員向けだったので受信者名を入れなかった。
➡ ✕ 受信者名は必ず入れる。この場合は「総務部員各位」など。

●文書作成担当者名を入れた。 ➡ ✕ 文書作成を担当した者の名前は不要である。

●発信者名を「総務部長 代理」➡ ✕「代理」と書く必要はない。「総務部長」のみでよい。

★★★ よく出る! 確認テスト

check! □□□

次は、社内の連絡文書の書き方について述べたものである。適当なものには○、不適当なものには×をつけなさい。

❶重要な文書はたて書きにする。
❷受信者名が複数いるときは「○○（役職名）様」と書く。
❸発信者名は、役職と氏名を書く。
❹本文の冒頭に、「拝啓」と書く。
❺文書の最後に「以上」と書く。

解答・解説

❶ ✕ 社内文書はどんな文書であれ、通常横書きで書く。
❷ ✕ 受信者名は、複数いるときは「○○（役職名）各位」とする。
❸ ✕ 発信者名は役職名だけでよい。例）「営業部長」
❹ ✕ 社内文書では「拝啓」などの頭語・結語や時候のあいさつは省く。
❺ ○ 文書の最終行の次の行に「以上」を入れる。

★★★ よく出る! 確認テスト

check! □□□

次は、秘書Ａが社内文書を作成したときに行ったことである。適当なものには○、不適当なものには×をつけなさい。

❶取締役も見る文書なので、時候のあいさつを書いた。
❷受信者と発信者には、職名と名前を書いた。
❸横書きにしたのでアラビア数字に統一して書いた。
❹記書きの文章をわかりやすくするために、箇条書きにした。

解答・解説

❶ ✕ 社内文書では、取締役が見る場合でも時候のあいさつは書かない。（時候のあいさつについては P.161 を参照）
❷ ✕ 社内文書の場合、受信者名と発信者名は職名だけでよい。
❸ ✕ アラビア数字と漢数字を使い分けて書く必要がある。
❹ ○ 記書きは箇条書きにしたほうがわかりやすい。

★★★
よく出る！
確認
テスト

check!
□□□

次の社内文書の（　　）には何を書けばいいかを答えなさい。

（　❶　）
令和○年1月15日

（　❷　）

（　❸　）

12月営業報告会について（通知）

下記のとおり、定例の営業報告会を行うので、
出席してください。

（　❹　）

1．日時　2月1日（木）10：00〜11：30
2．場所　本社2階第1会議室

（❺　）

担当　営業部　望月
（内線1221）

解答・解説
❶ 文書番号
❷ 受信者名
❸ 発信者名
❹ 記
❺ 以上

出題ランク ★★☆

5 ビジネス文書の慣用表現

社外文書は２級の試験範囲ですが、３級ではこれらの文書で出てくる頭語と結語、前文のあいさつなどの慣用語句、カタカナを漢字に直す問題がよく出題されます。

社外文書と社交文書

ビジネス文書には、前節の社内文書のほかに、**社外文書**があります。これは取引先や顧客に向けて発行する商取引に関する文書で、頭語や結語を入れるといった社内文書にはない書き方のルールがあります。

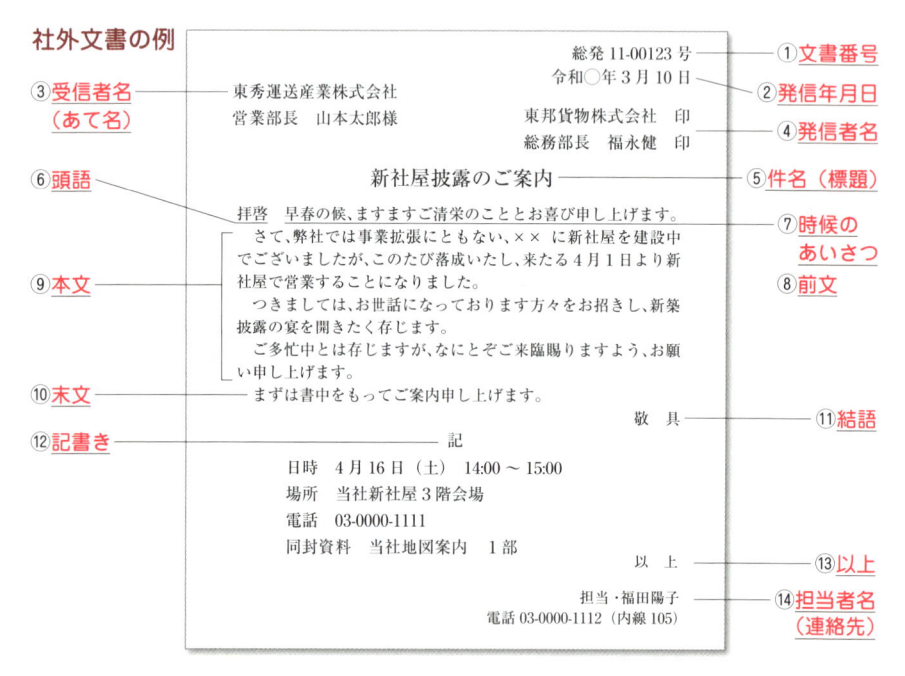

社外文書の例

総発 11-00123 号 ―― ①文書番号
令和◯年３月10日 ―― ②発信年月日

③受信者名（あて名） ―― 東秀運送産業株式会社
営業部長　山本太郎様

東邦貨物株式会社　印
総務部長　福永健　印 ―― ④発信者名

新社屋披露のご案内 ―― ⑤件名（標題）

⑥頭語 ―― 拝啓　早春の候、ますますご清栄のこととお喜び申し上げます。 ―― ⑦時候のあいさつ　⑧前文

⑨本文 ――
　さて、弊社では事業拡張にともない、×× に新社屋を建設中でございましたが、このたび落成いたし、来たる４月１日より新社屋で営業することになりました。
　つきましては、お世話になっております方々をお招きし、新築披露の宴を開きたく存じます。
　ご多忙中とは存じますが、なにとぞご来臨賜りますよう、お願い申し上げます。

⑩末文 ―― まずは書中をもってご案内申し上げます。

敬　具 ―― ⑪結語

⑫記書き ―― 記

日時　４月16日（土）　14:00 ～ 15:00
場所　当社新社屋３階会場
電話　03-0000-1111
同封資料　当社地図案内　１部

以　上 ―― ⑬以上

担当・福田陽子
電話 03-0000-1112（内線 105） ―― ⑭担当者名（連絡先）

頭語・結語

差し出す相手への礼儀を重んじて、手紙の書き出しには頭語を、締めくくりには結語を書きます。頭語と結語には決まった組み合わせがあります。

頭語と結語の組み合わせ よく出る!

用途	頭語	結語
□一般的な文書	拝啓	敬具
□特に丁寧にする場合	謹啓	敬白・敬具
□急ぎの文書	急啓	草々
□返信の文書	拝復	敬具
□前文を省略する場合	前略・冠省	草々・不一

時候のあいさつ よく出る!

頭語の後には、四季の気候を示す時候のあいさつがきます。

□1月	新春の候　厳寒の候
□2月*	厳寒の候（立春まで） 余寒の候　立春の候（立春以降）
□3月	早春の候　春風の候
□4月	陽春の候　晩春の候
□5月	新緑の候　薫風の候
□6月	梅雨の候　麦秋の候　初夏の候

□7月	盛夏の候　猛暑の候
□8月*	晩夏の候（立秋まで） 残暑の候（立秋以降）
□9月	初秋の候　新秋の候
□10月	秋冷の候　仲秋の候
□11月	晩秋の候　向寒の候
□12月	初冬の候　師走の候
□季節に関係なく	時下 **

*立春や立秋など、季節の変わり目を表す二十四節気を境に用いられる言葉が変わることがある。
**時下は、ビジネスの色合いが強いときに使う

前文

時候のあいさつの後に、前文がきます。

会社にあてる場合

- 貴社、ますます〈ご発展《はってん》・ご隆盛《りゅうせい》・ご隆昌《りゅうしょう》〉のこととお喜び申し上げます。
- 平素は格別のご愛顧《あいこ》を賜《たまわ》り、誠にありがとうございます。
- 平素より一方《ひとかた》ならぬご高配《こうはい》を賜り、厚く御礼申し上げます。

個人にあてる場合

- ますます〈ご健勝《けんしょう》・ご清祥《せいしょう》〉のこととお喜び申し上げます。
- 日頃は格別のご厚情《こうじょう》を賜り、厚くお礼申し上げます。

本文

本来の用件に入ります。前文と区別するために、出だしは「さて」「つきましては」などで始めます。

会議などの出席をお願いする例

- ご多忙のところ恐縮でございますが、万障《ばんしょう》お繰《く》り合《あ》わせの上〈ご出席・ご来臨《らいりん》〉〈くださいますよう・賜《たまわ》りますよう〉お願い申し上げます。

万障お繰り合わせの上 「いろいろな差し障りの都合をつけて」　来臨 「出席」の尊敬語

贈答品を送ったときの例

- ご笑納《しょうのう》くださいますようお願い申し上げます。

笑納 「つまらないものですが、笑って受け取ってください」という意味。

末文＋結語

末文は、締めくくりの言葉です。結語は、頭語によって使い分けます(P.161 参照)。

一般的な末文の例

- まずは取り急ぎご通知申し上げます。
- まずは略儀《りゃくぎ》ながら、書中《しょちゅう》をもってお礼申し上げます。
- 何卒よろしくお願い申し上げます。

取り急ぎ 「急いで〜しました」　略儀ながら 「簡略ではありますが」
書中をもって 「この書面において」

自称・他称

文中では、相手側に対して敬意を表した表現を用います。自分側は、相手側と同じ立場、またはへりくだった表現を用います。

自称と他称の組み合わせ　よく出る!

項目名	自分側	相手側
□会社	当社・小社・弊社	貴社・御社
□商店	当店	貴店
□官庁	当省・当所	貴省・貴所
□団体	当会	貴会
□場所	当地・当市	貴地・貴市
□家	小宅・拙宅	貴宅・御宅
□気持ち	薄志・微志	ご厚情・ご高配・ご厚志
□意見	私見・愚見・愚案	ご高見・ご高案・貴意
□品物	心ばかりの品･粗品	佳品・お品
□受領	拝受・受領	〈書類などを受け取ってもらうとき〉ご査収 〈贈り物などを受け取ってもらうとき〉ご笑納･お納め･ご受納
□見る	拝見・拝読	ご高覧・ご一覧
□会う	拝顔・参上	ご引見・ご来訪
□名前	氏名・名	ご芳名・お名前・ご氏名・尊名
□父	父	ご尊父様・お父上様
□母	母	ご母堂様・お母上様
□夫	夫	ご主人様
□妻	妻・家内	ご令室様・奥方様
□息子	息子・愚息	ご子息様
□娘	娘	ご息女様・ご令嬢様
□人	私・私ども・家族	あなた様・ご一同様・皆々様・ご家族様

★★★
よく出る! 確認テスト

次は時候のあいさつが使われる月を答えなさい。

❶新緑の候　❷盛夏の候
❸余寒の候　❹晩秋の候
❺初冬の候

check! □□□

解答･解説

❶5月　❷7月　❸2月　❹11月　❺12月

時候のあいさつはその季節に関わる言葉が入っているが、一般的な季節感だけで覚えておくと間違えやすい。たとえば盛夏は8月ではなくて7月、8月は立秋までは晩夏の候、立秋以降は残暑の候を使う。このように暦の上で季節の変わり目となる日(節気)を覚えておくとよい([立春]2月4日ごろ、[立夏]5月5日ごろ、[立秋]8月7日ごろ、[立冬]11月7日ごろ)

出題ランク ★★☆

6 伝言メモの書き方

伝言メモの書き方は、記述式で何度か出題されています。伝える項目を正確に押さえたうえで、簡潔にメモを残すのがポイントです。実際に書けるようにしておきましょう。

伝言メモをとる

秘書は、上司などの社員あての電話や来訪を受ける機会が多く、彼らが不在ならば伝言を伝えることになります。

上手な伝言メモのとり方

1 要点を押さえてメモする。

- 相手の言ったことをそのまま書き留めるのではなく、要点だけを書く。
- 5W3H（P.30）に注意して書くとよい。
- 自分なりの略字や記号を決めておくと、すばやく書ける。
- 相手が話し終えたら、復唱して確認する。

2 伝言メモを作る。

- メモした内容を整理して、伝言メモに書き写す。
- 内容は簡潔に。箇条書きにするなど、わかりやすさを心がける。
- 伝言メモは、あらかじめ次ページのようなフォーマットを作っておくとよい。

3 伝言を伝えたい相手の机に置く。

- 机の上に置いたままにせずに、相手が机に戻ってきたら一声かけるとよい。
- 伝言を預かった先への返事が必要な場合は、その確認を忘れずに。

伝言メモの例

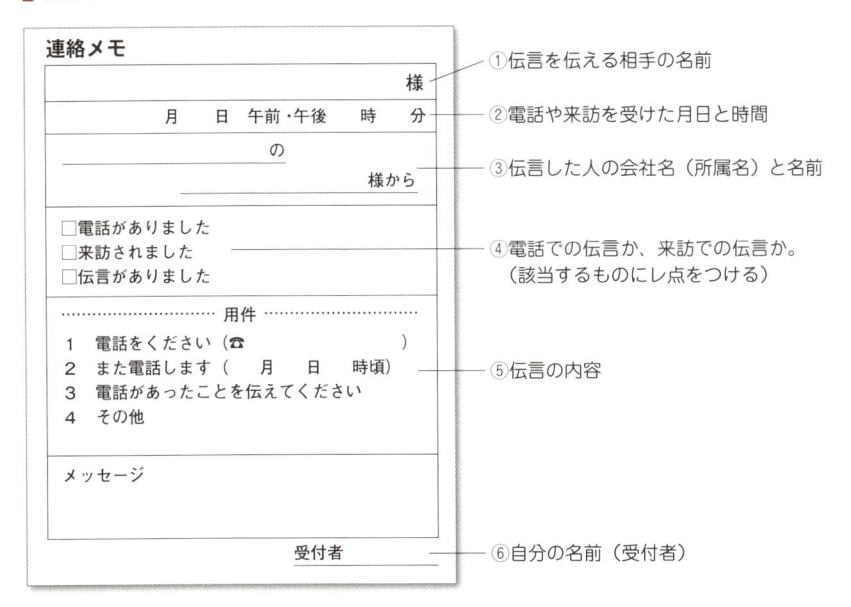

連絡メモ

様 ―― ①伝言を伝える相手の名前

月　日　午前・午後　時　分 ―― ②電話や来訪を受けた月日と時間

の
様から ―― ③伝言した人の会社名（所属名）と名前

□電話がありました
□来訪されました
□伝言がありました
―― ④電話での伝言か、来訪での伝言か。（該当するものにレ点をつける）

……用件……
1　電話をください（☎　　　）
2　また電話します（　月　日　時頃）
3　電話があったことを伝えてください
4　その他
―― ⑤伝言の内容

メッセージ

受付者 ―― ⑥自分の名前（受付者）

★★★ よく出る！確認テスト

check! □□□

上田部長の秘書A（佐藤）は、上司が外出中の午後3時10分にみえたG社の鈴木氏から、合同プロジェクトFの資料を預かった。明日（10月21日）の午後に、この資料の件で電話をするという。このような場合の伝言メモを書きなさい。

解答・解説

記入項目を満たしているかどうかに気をつけること。

〈記入例〉

上田部長

G社の鈴木様がお見えになり、合同プロジェクトFの資料をお預かりしました。明日の午後、資料の件でお電話くださるとのことでした。

10月20日　午後3時10分
佐藤

出題ランク★★☆

7 グラフの書き方

グラフは主に記述式で出題される分野です。3級では、棒グラフと折れ線グラフの性質の違いを理解し、実際に使い分けて書けるようにしておく必要があります。

グラフの利点

さまざまなデータを検討するために、データをグラフにすることがあります。グラフにすることによって、テーマとするものの動向や数値が視覚的にわかり、比較や予測が容易にできるという利点があります。

棒グラフと折れ線グラフ

グラフは、データの性質によって使い分ける必要があります。一般的に数量の比較には**棒グラフ**、推移・連続した動きを見るには**折れ線グラフ**を使います。

棒グラフ　よく出る!

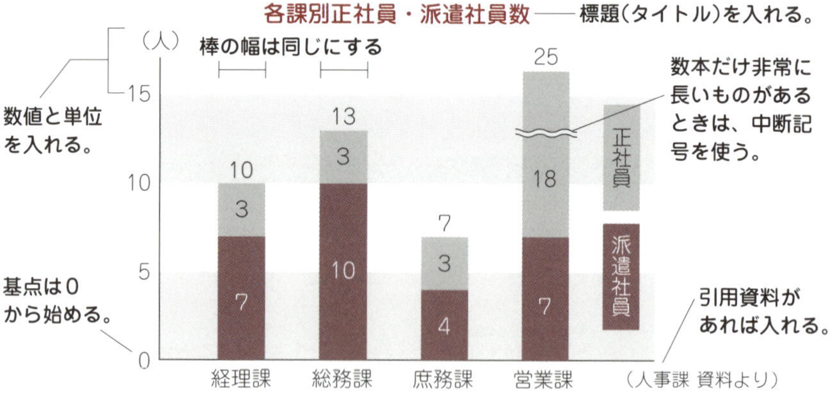

各課別正社員・派遣社員数
標題（タイトル）を入れる。
（人）
棒の幅は同じにする
数値と単位を入れる。
15
10
5
0
基点は0から始める。
10
3
7
13
3
10
7
3
4
25
18
7
数本だけ非常に長いものがあるときは、中断記号を使う。
正社員
派遣社員
引用資料があれば入れる。
経理課
総務課
庶務課
営業課
（人事課 資料より）

特徴／用途例

数量の大小を比べるとき、1つの条件で関連のないものを比べるとき。

例 他社との売上比較、商品別の生産高比較、各課別の人員構成など

折れ線グラフ よく出る!

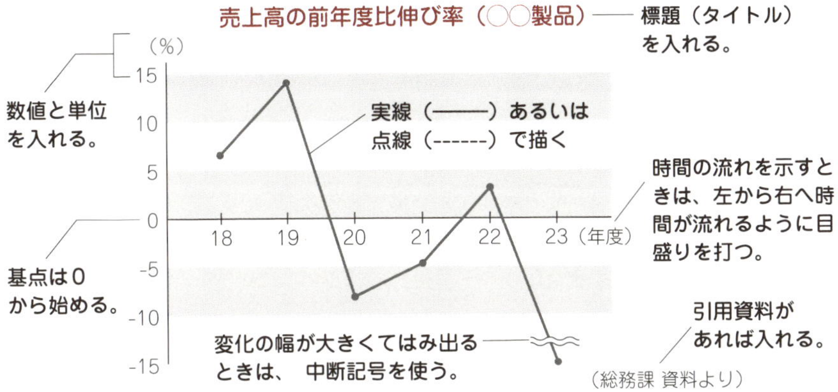

売上高の前年度比伸び率（○○製品）
標題（タイトル）を入れる。
（%）
15
10
5
0
-5
-10
-15
数値と単位を入れる。
実線（――）あるいは点線（------）で描く
18
19
20
21
22
23（年度）
時間の流れを示すときは、左から右へ時間が流れるように目盛りを打つ。
基点は0から始める。
引用資料があれば入れる。
変化の幅が大きくてはみ出るときは、中断記号を使う。
（総務課 資料より）

特徴／用途例

連続した変化や推移を表すとき。 例 月別の売上統計、年別輸入高の推移など

★★★ よく出る! 確認テスト

check! □□□

次の表は、令和○年５月の製品別売上高を示した数値である。これをグラフで示しなさい（定規を使わないで書いてもよい）。

製品名	売上高
A	75
B	150
C	50
D	80

（単位：千万円）

解答・解説

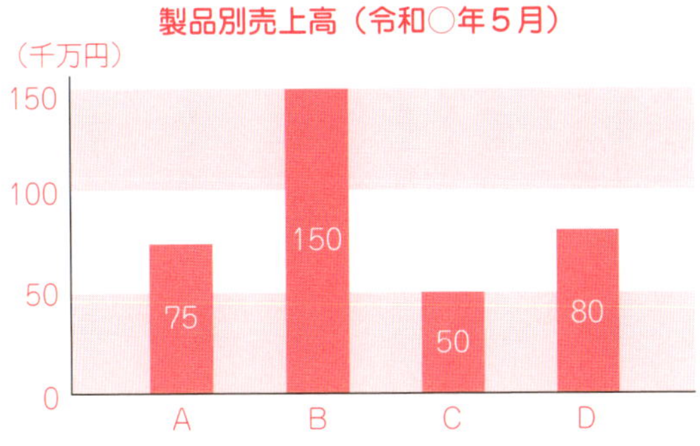

製品別売上高（令和○年５月）
（千万円）
150
100
50
0
75
150
50
80
A
B
C
D

出題ランク★★☆

8 「秘」扱い文書の取り扱い

「秘」扱い文書には、社外秘の文書と社内秘の文書があることを理解しておきましょう。3級では「社外秘」文書の取り扱いに関する問題がよく出題されています。

「秘」扱い文書とは

秘書は、職務上、許された者以外には公表されない「秘」扱いの文書を扱うことがあります。「秘」扱いの文書は主に、社外に公表してはならない**社外秘**と、社内でも関係者以外には公表できない**社内秘**があります。

「秘」扱い文書の取り扱い　よく出る!

「秘」扱い文書は、社内や社外に公表してはいけないことを常に意識して取り扱わなければなりません。

社員に渡す 文書受渡簿に**受領印**をもらう。	**渡す社員が不在のとき** 直接手渡せるまで待つ。または無印の封筒に入れて封をし、「**親展**」と書いて相手の机の上に置き、あとで連絡をもらう。	**配布する** **通し番号**をつける。配布先の名前を番号とともに控えておき、回収の際に漏れがないかをチェックする。
持ち歩く 「秘」文書を持っていることがわからないようにする。ファイルなどにはさむ、封筒を裏返してもつ、中身が透けてみえない封筒に入れるなど。	**貸し出す** 必要に応じて上司の許可を得る。	**机の上で扱う** 関係者以外の人が来た場合、さりげなく裏返す。「秘」文書を取り扱っていることを気づかれないようにする。
席を離れる 引き出しの中にしまう。	**コピーする** 「秘」扱い文書は、漏えいを防ぐために必要以上にコピーをしない。コピーするときは関係者以外の人に見られないように気を配り、必要部数だけをコピーする。コピーした部数は記録しておき、ミスをしたコピーは**シュレッダー**（文書裁断機）にかける。	**保管する** 一般の文書とは別にして、鍵のかかる場所に保管する。

こんなときどうする?

上司の不在中、「秘」扱い文書を代わりに受け取るとき、どうすればいい?

●上司が帰ってくるまで自分がもっておく。
➡ ◯ 机の上に置いたままにせず、上司が戻ってくるまで責任をもって預かっておく。
●上司が戻ってきたら、「秘」扱い文書であることを伝えて渡す。
➡ ✕「秘」扱い文書であることを、むやみに口頭で伝えないほうがいい。

「秘」扱い文書を社外に発送するときの注意点 よく出る!

- 封筒に文書を入れて、「秘」の印を押す。
- 封筒に入れた「秘」扱い文書をさらに透けない厚手の封筒に入れる(二重封筒にする)。
- 表に「親展」と記し、封じ目には〆印をつける。
- 郵便では「書留」または「簡易書留」で発送する。
- 文書発信簿に記録する。
- 発送後、「秘」扱いの文書を送ったことを電話で相手に連絡する。

★★★ よく出る! 確認テスト

check! □□□

営業部長秘書Aのところに、営業課長が取引先の営業報告書を貸してほしいと言ってきた。その資料は社外秘である。Aの対応として適当なものに◯、不適当なものに×をつけなさい。

❶「社外秘なので、部長の許可をとってから貸し出す」と言う。
❷「社外秘なので、取り扱いに注意してほしい」と言って貸し出す。
❸「社外秘なので、貸し出せない」と言って、その場で見てもらう。
❹「社外秘なので、原本は貸せない」と言って、コピーをとって渡す。
❺「社外秘なので、たとえ課長でも貸し出せない」と断る。

解答・解説

❶ ✕「社外秘」は会社の外に公表してはいけない資料のことで、社員なら見てもいいものである。したがって、社員には、原則として上司の許可がなくても貸し出してよい。
❷ ◯ 貸し出し時には、取り扱いに注意するよう伝えるのがよい。
❸ ✕ ❶と同様、特に取り決めがなければ「社外秘」は社員に貸し出してよいものだろう。
❹ ✕「秘」文書はコピーなどをむやみにとらない。
❺ ✕ ❶❸と同様、「社外秘」だから貸し出せないということはない。

出題ランク★☆☆

9 電子メールの使い方

電子メールは利点も多いですが、メールで送信してはいけない文書もあることに注意します。3級では社内でやりとりするメールについて問われることがあります。

電子メールを使うときのポイント

電子メールは、インターネット回線などのネットワークを使って文書を送受信するシステムのことです。パソコンの普及とともにビジネスでよく使われるようになりましたが、次にあげる注意点やマナーを押さえたうえで利用することが大切です。

電子メールの利点

- 電話のように呼び出し音が鳴ることがないので、時間を気にせずに送ることができる。
- 一度に大勢の人に送ることができ、社内や部署内での連絡・通達に向いている。
- 一度に送るときの通信費は、相手との距離や人数には関係ない。
- メール文の転送、大きな画像やデータの送付ができる。

電子メールを書くときの注意点

- アドレスを確認し、送る相手をチェックする。
- 件名は、内容がわかるものにする。
- 頭語や時候のあいさつなどは書かない。社外への電子メールでは「いつも大変お世話になっております」などの簡単なあいさつ文を入れる。
- 本文は、短い文で区切り、必要事項を簡潔に書くようにする。
- 文字化けすることがあるので、特殊な記号や文字は使わない。
- 基本的に電子メールはすぐに送信されるが、通信状況やパソコンの状態ですぐに送信されないこともある。

電子メールを利用するうえでのマナー

- 急ぎの用件や重要な用件をメールするときは、念のため電話でも知らせておくとよい。
- 返事の内容が込み入っていてすぐに送れないときは、メールを受け取ったことだけでも返信で知らせる。
- メールの返事がほしい相手からメールが来ないときは、電話などで返事を確認する。

こんなときどうする?

社内の連絡で次のようにメールを使っているが、これは適当？　それとも不適当？

よく出る!

●特に急ぎの用件ではなかったので、上司にはメールで報告をした。

➡ ✕ 秘書は上司への報告は口頭で行うことが原則。

●社内会議の出欠を確認するメールに返信がなかった場合は、欠席扱いにしている。

➡ ✕ 相手はメールに気づかなかったかもしれない。電話などで直接確認する。

★★★ よく出る! 確認テスト

check! □□□

次の、部長秘書Ａの電子メールの取り扱いについて、適当なものには○、不適当なものには×をつけなさい。

❶社内の用件について返信をしたはずなのに、相手から「返事が来ていない」と連絡があった。「確かに送信した。もう一度確認してほしい」と言った。

❷上司からの通達を関係部員へ送るとき、メールを使った。

❸取引先からお中元をもらったお礼を、メールで行った。

❹出社する時間は相手も忙しいだろうから、時間をずらして送っている。

解答・解説

❶ ✕ ネットワークの不具合などでメールがすぐに送信できないことがある。また、メールアドレスを間違えて送った可能性もある。したがって、相手に「もう一度確認してほしい」と言うよりも、アドレスを再確認して送信する、返事を口頭で伝えるなどの対処をするのが適切である。

❷ ○ 社内での通達文はメールで送ってもよい。

❸ ✕ 通常、礼状をメールで送るのは避けたほうがよい。

❹ ✕ メールは電話と違い、時間を気にせず送信してよい。ただし、ビジネスでは就業時間内にやりとりするのが基本である。

出題ランク★★★

10 郵便物などの発信

「郵便物の受信・発信」は、毎回１～２問出題される最頻出分野です。それだけ秘書の業務として日常的に行うものだということです。なかでも「郵便物などの種類とその郵送方法」はよく問われます。

郵便物のあて名の書き方

封筒などのあて名の敬称は、中身の受信者名の敬称と同じにします（「各位」*は除く）。

＊「各位」は、手紙文の受信者名で書いてもよいが、郵便物や宅配便のあて名には書かない。

あて名人の敬称の書き方 よく出る!

直前に来るもの	敬称	記入例
□個人名	様	鈴木太郎様・総務部長　鈴木太郎様
□職名のみ	様・殿	総務部長様・総務部長殿
□恩師・先生の名前	先生	大木和夫先生
□会社・団体・部署名	御中	経理課御中・○○株式会社御中

脇付《わきづけ》の書き方

脇付は、手紙の内容や同封書類について説明するときに書きます。縦書き封筒の場合、左下に書きます。

伝えたい内容	脇付
□あて名人以外の人が開封してはいけないもの	親展
□急ぐ場合	至急
□折ってはいけない封書	二つ折り厳禁・折り曲げ厳禁
□入っている内容を明記する場合	○○在中　例：請求書在中

封筒のあて名の書き方

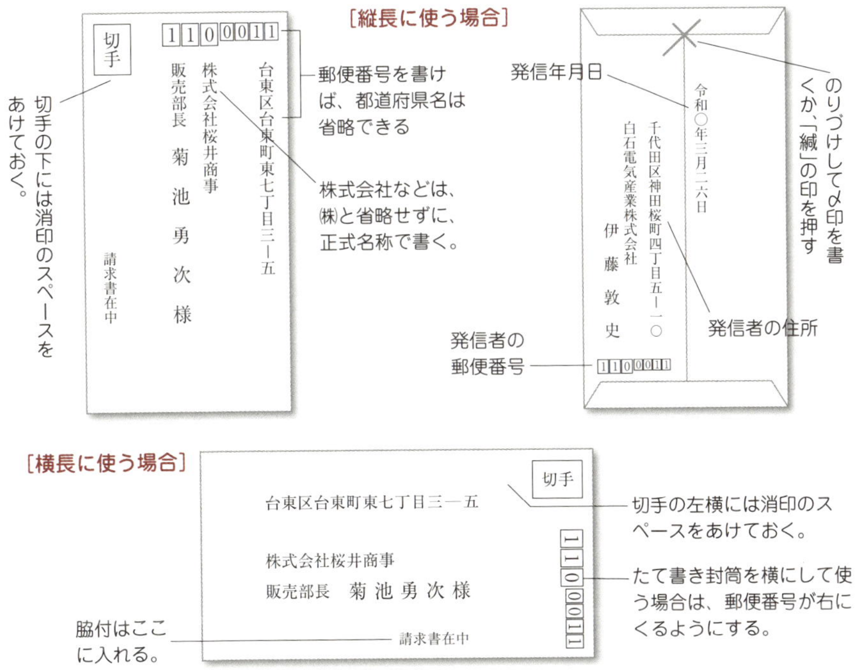

［縦長に使う場合］
切手
1100011
台東区台東町東七丁目三ー五
株式会社桜井商事
販売部長　菊池勇次様
請求書在中
切手の下には消印のスペースをあけておく。
郵便番号を書けば、都道府県名は省略できる
株式会社などは、㈱と省略せずに、正式名称で書く。
発信年月日
令和○年三月二十六日
千代田区神田桜町四丁目五ー一〇
白石電気産業株式会社
伊藤敦史
1100011
発信者の郵便番号
発信者の住所
のりづけして〆印を書くか、「緘」の印を押す
［横長に使う場合］
切手
台東区台東町東七丁目三ー五
株式会社桜井商事
販売部長　菊池勇次様
請求書在中
1100011
切手の左横には消印のスペースをあけておく。
たて書き封筒を横にして使う場合は、郵便番号が右にくるようにする。
脇付はここに入れる。

往復はがきの返信の書き方

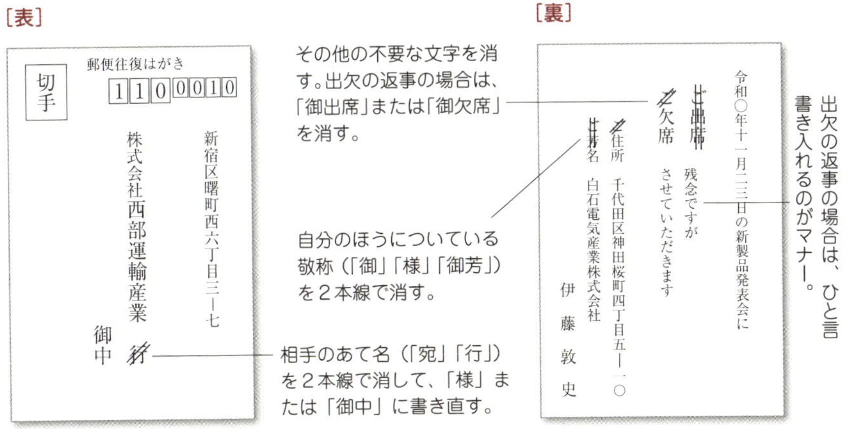

［表］
郵便往復はがき
切手
1100010
新宿区曙町西六丁目三ー七
株式会社西部運輸産業
行　御中
［裏］
令和○年十一月二十三日の新製品発表会に
御出席
御欠席
残念ですがさせていただきます
御住所　千代田区神田桜町四丁目五ー一〇
御芳名　白石電気産業株式会社　伊藤敦史
その他の不要な文字を消す。出欠の返事の場合は、「御出席」または「御欠席」を消す。
自分のほうについている敬称（「御」「様」「御芳」）を２本線で消す。
相手のあて名（「宛」「行」）を２本線で消して、「様」または「御中」に書き直す。
出欠の返事の場合は、ひと言書き入れるのがマナー。

郵便物の発信方法と料金

手紙やはがきは、全国一律の料金でどこへでも送ることができます。また、別料金を支払うことで、速達《そくたつ》や書留《かきとめ》のようなサービスを受けることができます。

手紙

- 一定制限内の大きさ（縦と横と厚さ）と重さの定形郵便物とそれ以外の定形外郵便物がある。それぞれ重量によって料金が異なる。

はがき

- 通常はがき（1枚63円）と往復はがき（1枚126円）がある。
- 郵便局で販売されている官製はがきと同じ大きさにすれば、私製はがきとして通常はがきと同じ料金（63円切手を貼る）で全国どこへでも送ることができる。

速達

- 他の郵便物に優先して配達してくれるサービスのことで、急いで発信しなければならないときに用いる。
- 手紙でもはがきでも速達にすることができ、封筒やはがきの上辺に赤線を引くか「速達」と赤字で記す。

書留 よく出る!

- 引き受けから配達までの記録をして（書き留めておいて）配達してくれる郵便のこと。
- 郵便物が壊れたり、届かなかったりした場合は損害要償額の範囲内で賠償してくれるサービス。書留には、一般書留、簡易書留、現金書留の3つがあり、いずれも郵便局で受け付けをする必要がある。

種類	利用法	損害要償額
□一般書留	商品券、手形、小切手など現金以外で価値が明確なものを送るとき。	500万円までの実損額
□簡易書留	重要書類を確実に送るとき。	5万円までの実損額
□現金書留	現金を送るとき。手紙や祝儀袋、不祝儀袋などを同封できる。	50万円までの実損額

小包郵便物

● 通常の手紙で送れないようなもの、かさばるものや重いものは、ゆうパックやゆうメールで送る。民間の運送会社が運営する宅配便を利用することもある。

種類	利用法	受付場所
□ゆうパック	小包の3辺計のサイズと距離によって料金が定められている。比較的大きな荷物を送るときに用いる。簡単な添え状以外の手紙を入れてはいけない。	郵便局
□ゆうメール	1kgまでの書籍・雑誌などの冊子、CD、DVDなどの記録媒体を送付する際に用いられる。外から内容物が確認できるような仕様にする。	郵便局 ポスト

大量郵便物の発送

● 大量の郵便物を発送するときは次のようなサービスを利用する。いずれも郵便局の窓口で手続きする必要がある。

□料金別納	同じ郵便物を同時に10通以上発送するとき。料金はまとめて別に支払う。結婚式の招待状など、儀礼的なときには利用しない。	差出事業所名 料金別納 郵便
□料金後納	月に50通以上の郵便物を発送するとき。1カ月の料金を後でまとめて支払う。	差出事業所名 料金後納 郵便
□料金受取人払	アンケートの調査など、回収率が低いと思われるときに利用する。	料金受取人払 ○○店承認 差出有効期間 年　月 日まで

★★★ よく出る! 確認テスト

次の組み合わせのうち、適当なものには○、不適当なものには×をつけなさい。

❶簡易書留 ― 請求書　❷一般書留 ― 重要書類
❸宅配便 ― 上司の出張時の荷物　❹ゆうメール ― 商品カタログ

check! □□□

解答・解説

❶ × 請求書は、折り曲げて一般郵便でよい。「請求書在中」の脇付を入れる。
❷ × 重要書類は簡易書留で出す。一般書留は、手形や小切手など、現金以外でその価値が誰にでも明らかなものの場合に送る。
❸ ○ 出張時の荷物は、宅配日時が指定できる宅配便で送ると便利。
❹ ○ ゆうメールでは本、雑誌などの冊子やCD、DVDなどの記録媒体を送ることができる。

出題ランク★★★

11 郵便物・文書の受信

上司あての郵便物を仕分けて渡すのも秘書の大切な仕事です。開封してよいものと開封してはいけないものの違いなどが、よく出題されています。

受信した文書の分類

上司あてに回ってきた郵便物や文書は、開封しないで上司に渡すものと秘書が開封してよいものとに仕分けて整理します。上司が郵便物や文書を判断する時間を短縮するための、秘書の大切な役割です。

開封しないで上司に渡すもの＝書留郵便、私的な文書（私信） よく出る!

- 「親展」「『秘』扱い」などと書かれているもの
- 書留（一般書留・簡易書留・現金書留）
- 私信（公信か私信かわからないものも含める）

↓

そのまま上司に渡す。

秘書が開封してよいもの＝公的な文書（公信）、不要と思われる文書 よく出る!

- 公信
- ダイレクトメール、広告
- 「重要」と記された文書

↓ 処理の仕方

- 文書の内容をチェックする。
- ポイントをメモして添付したり、重要と思われる箇所にはアンダーラインを引く。
- ダイレクトメールや広告では、不要と判断したものは処分する。
- 封筒と文書をクリップでまとめ、緊急のもの、重要なものが上にくるようにして重ねて上司に渡す。

こんなときどうする?

開封してよいものはどれ?

●社用封筒の封書

➡ ○ 会社の住所や電話番号が印刷されている社用封筒は、一般的に公信と判断して開封する。

●社用封筒で差出人が見知らぬ個人名

➡ × 社用封筒であっても差出人が会社名や所属名がついていない個人名の場合、私信の可能性がある。公信か私信か判断がつかない場合は、私信として扱い、開封しない。

◆文書受渡簿

書留などの文書は、紛失したときなどに責任の所在をはっきりしておくために、文書受渡簿で管理する。文書名、発信人、受信人（自分の名前）、あて名、あて名人への引き渡し日時を記録し、あて名人に渡したときには受領印をもらう。

★★★ よく出る! 確認テスト

check! □□□

次は、秘書Aが上司あての郵便物のうち、開封しないで渡しているものである。適当なものには○、不適当なものには×をつけなさい。

❶速達の表示があるもの。

❷現金書留の速達。

❸上司が興味をもちそうなDM。

❹封筒に社名が印刷されているもの。

❺差出人に会社名、役職名がついていない見慣れない名前。

解答・解説

❶ × 速達は私信や書留でなければ開封して確認する。

❷ ○ 現金書留は書留の一種なので、速達であっても開封せずに上司に渡す。

❸ × DM（＝ダイレクトメール）は開封する。

❹ × 封筒に社名が印刷されている社用封筒は公信とみなして開封する。

❺ ○ 差出人に会社名や役職名がついていない個人名の場合は、私信の可能性が高い。差出人名に心当たりがなく、私信か公信かの区別ができなければ、開封しないで渡すのが原則。

出題ランク★★☆

12 名刺の整理

秘書は上司が受け取った名刺を整理、保管し、必要なときにはいつでもすぐ取り出せるようにしておきます。試験では名刺の整理のしかたについて頻繁に出題されています。

名刺整理の重要性

相手の会社名、肩書き、名前など必要な情報が入っている名刺は、顧客データとして活用できます。お客様から受け取った名刺、上司から預かった名刺は適切に保管し、必要なときに、すぐに取り出すことができるようにしておかなければなりません。

名刺の整理用具には、一覧性に優れた**名刺整理簿**（**名刺ホルダー**）と大量の名刺の保管に優れた**名刺整理箱**があります。大量の名刺を扱う秘書の仕事には**名刺整理箱**のほうが便利です。

名刺整理簿

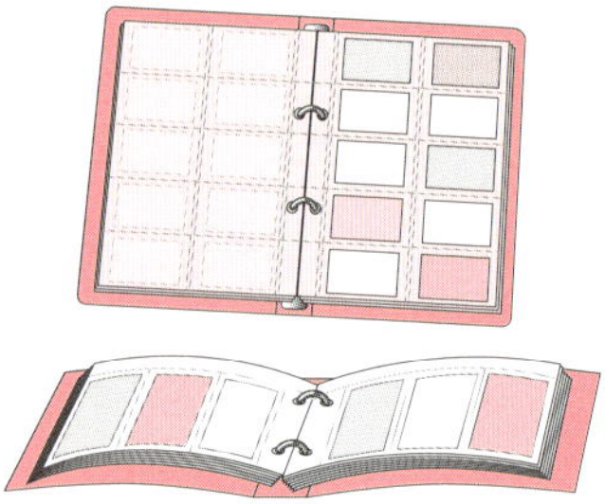

名刺整理箱

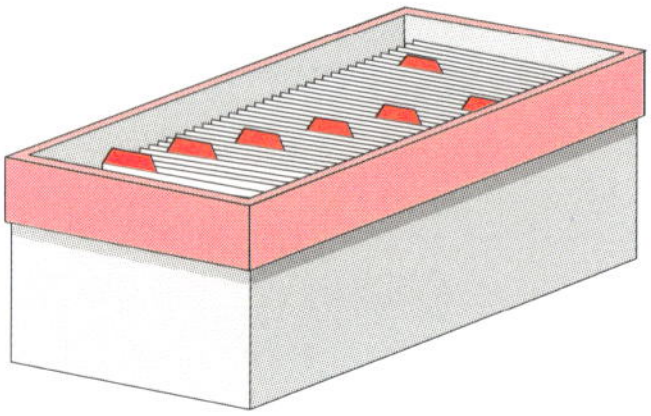

主な名刺の分類法

個人名の50音順	親戚、友人など私的な分類や、接待用など目的別の分類に適する。
会社名の50音順	取引先の会社名で分類する。

名刺整理のポイント

株式会社○○食品加工
201x年7月31日来社
△△株式会社岸本様からの
ご紹介により来社
長身　コーヒーはブラック
代表取締役社長
斎　藤　真　一
〒111-1234
東京都千代田区桜町３丁目27-9
TEL 03-0034-5678　FAX 03-0034-5679
email saito@oo-food.co.jp

- 名刺を受け取ったら、来訪日時、訪問目的、人物の特徴などを記入しておく。
- 住所・電話番号の変更通知を受けたり、人事異動で役職が変わったりしたときは、名刺のデータをすぐに変更する。
- 整理箱から抜き出して使った名刺は、ガイドのすぐ後ろに差し入れる。
  →よく使う名刺がガイドのすぐ後ろに集まり、使わない名刺がガイドから遠くの方にかたまる。
  利点１：名刺を処分するときに、処分する名刺がわかりやすい。
  利点２：よく使う名刺を探しやすい。
- 年に一度は古い名刺や使わない名刺を破棄する。悪用されないように、破るかシュレッダーにかける。

こんなときどうする?

名刺を次のように整理しているが、適当？　それとも不適当？

- 住所や電話番号などの訂正は、１年に１回、日を決めて行っている。➡ ✕ 名刺に書かれた住所や電話番号は、変更されたことがわかった時点で訂正を行う。
- 通常より大きなサイズの名刺は名刺整理箱に入らないので、別にまとめて整理している。➡ ✕ 名刺は１箇所にまとめて整理するのが原則。大きかったらコピーをとるなどして、他と同じ整理箱に保管する。

よく出る! 確認テスト

check! □□□

次は、名刺整理用具について述べたものである。適当なものには○、不適当なものには×をつけなさい。

❶名刺の量が多い場合、収納しやすいのは名刺整理簿である。

❷名刺の増減、差し替えがしやすいのは名刺整理箱である。

解答・解説

❶ ✕ 名刺整理簿の利点は、一目で情報が分かる（＝一覧性がある）、持ち運びがしやすいという点である。欠点は、大量の名刺を収納するにはスペースが限られている、名刺の整理や追加・差し替え・廃棄をするには不便という点である。

❷ ○ 名刺整理箱は、名刺を大量に収納でき、追加・差し替え・破棄などが簡単にできる。欠点は、持ち運びするにはかさばる、確認するときは一枚一枚取り出してみなければならない点である。

出題ランク★★☆

13 雑誌・カタログ・記事の整理

雑誌やカタログ、新聞記事を保管・整理する方法を覚えるには、その目的を理解するのが早道です。また、ここからは関連用語もよく出題されています。

雑誌・カタログ・記事を整理する

日ごろから上司の仕事内容に関係のある資料を整理しておき、必要なときにすぐに閲覧《えつらん》できるようにしておきます。雑誌やカタログは、集めたままにして整理を怠ると、本当に必要なときに必要な情報が見つからない、ということになります。適切に整理・保管しておきましょう。

カタログの整理

カタログとは、商品の宣伝用説明書のことです。整理するときは、次のことに気をつけます。

- 会社別、製品別にまとめる。
- 他社のカタログは、新しいものが手に入ったら古いものは処分する。
- 他社のカタログは１年に１回はチェックして、不要なものは破棄する。
- 自社のカタログは、捨てずに古いものから順に保管する。

雑誌・カタログ・記事整理の関連用語

□合本	数冊の本を合わせて１冊にしたもの。
□総目次	合本の目次をまとめたもの。
□バックナンバー	雑誌で、すでに発行された号のこと。
□落丁《らくちょう》	書籍や雑誌などのページが抜け落ちていること。購入した本屋で申し出れば、取り替えてもらえる。

□総合カタログ	その会社の取り扱い商品すべてを１冊にまとめたもの。
□冊子	雑誌のような形態の印刷物。
□パンフレット	ステープラーなどで仮綴りにした数ページの宣伝用印刷物。
□リーフレット	１枚刷りの宣伝用印刷物。主に店頭に置く説明書のこと。

□スクラップ	新聞や雑誌などの切り抜き。
□索引《さくいん》	本の中の語句がどのページにあるかがわかる一覧。
□コンテンツ	提供される情報の内容のこと。目次という意味もある。
□広報誌	企業や官公庁が、その活動内容を知らせるために発行する情報誌。

□週刊誌	週に１回発行されるもの。
□月刊誌	月に１回発行されるもの。
□隔月刊	１カ月おきに発行されるもの。バイマンスリー。
□旬刊誌	10日ごとに発行されるもの。
□季刊誌	年に４回発行されるもの。
□増刊号	定期的に発行する号とは別に臨時に刊行する号。

こんなときどうする?

定期購読雑誌の扱い方は？

●雑誌は、最低５年間は保管しておく。➡ ✕ 雑誌は、一般誌で前年度分のみ、専門誌で長くて５年間分保管しておけばよく、それ以前のものは処分してもよい。

●雑誌は、最新号のみを残しておき、古いものは破棄する。
➡ △ このように破棄するものもあるが、数冊まとまったら（月刊誌の場合、半年または１年分）合本にしてまとめることもある。合本の背には、雑誌名と月号（「○年○月号～○月号」）を記入する。

★★★ よく出る! 確認テスト

check! □□□

次は、カタログや雑誌、記事の整理について述べたものである。適当なものには○、不適当なものには×をつけなさい。

❶他社の総合カタログは、新しいものが手に入っても前年分は取っておく。

❷カタログは、大きさの違うものが多いので、大きさ別に整理するとよい。

❸スクラップブックは、不要な記事を破棄する場合に適している。

❹会社の業務に関連する専門誌は、一般的に長くて５年で処分する。

❺切り抜いた記事は、新聞ごとに分類すると便利である。

❻タブロイド判とは、新聞紙の大きさのことである。

解答・解説

❶ ✕ 他社のカタログの場合、最新号が出たら、古くなったものはすぐに捨てる。

❷ ✕ 大きさ別に整理すると、製品別に取り出すことができなくなるので不便である。製品別に分類すると便利である。

❸ ✕ ノートブックに記事を貼る形式のスクラップブックは、不要な記事を破棄するのには不便である。

❹ ◯ 専門誌は、長くて５年程度で処分する。

❺ ✕ 切り抜いた記事は、新聞ごとに整理すると後で知りたいことを調べにくい。分野別、テーマ別などに整理して保存するとよい。

❻ ✕ タブロイド判とは、広げた新聞紙の半分の大きさ（新聞紙の１面分の大きさ）である。

出題ランク ★★☆

14 ファイリングの基礎知識

3級ではファイリングに使う事務用品の名称とその使い方について出題されています。記述式問題でも出題されることがあるので、名称は正確に覚えておきましょう。

ファイリングの重要性とバーチカル・ファイリング

ファイリングとは、さまざまな書類を系統的に整理・保管し、必要ならば貸し出しや破棄をする一連の書類管理のことです。優れた秘書は適切なファイリング術を心得ています。

バーチカル・ファイリングとは、分類した書類をとじないでフォルダーにはさみ､見出しをつけてキャビネットに収納しておくファイリング方法です。日本の多くの企業で一般的に行われています。

バーチカル・ファイリングの長所

- 書類をとじる手間が省ける。
- 書類に穴をあけない。
- 新たな書類を加えるときも、必要な文書を取り出すときもスムーズにできる。
- とじ具がないので、フォルダーがかさばらない。

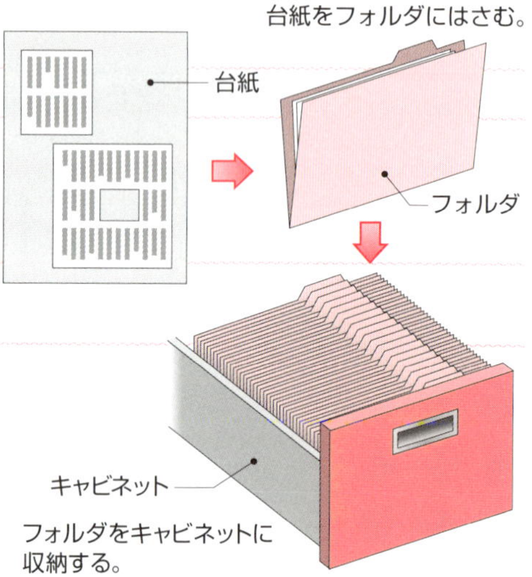

台紙をフォルダにはさむ。
台紙
フォルダ
キャビネット
フォルダをキャビネットに収納する。

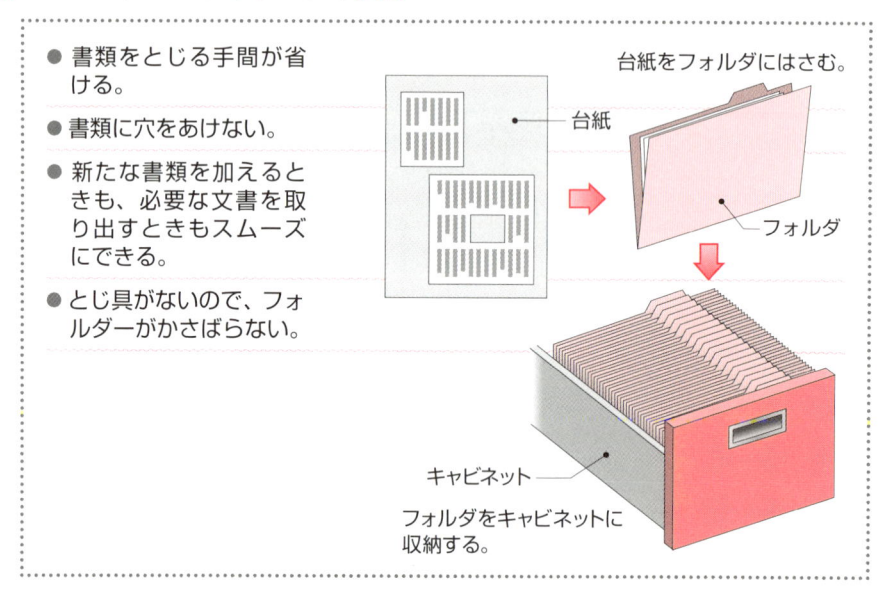

★★★
よく出る! 確認テスト

check!
□□□

次の、ファイリングに関する事務用品、事務用器具の名前を答えなさい。

❶
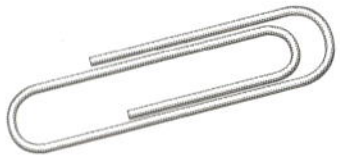

❷
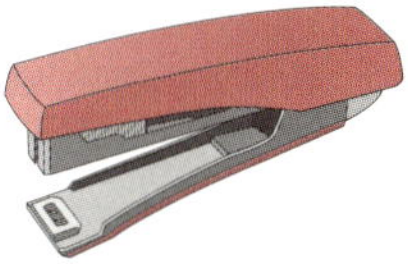

❸
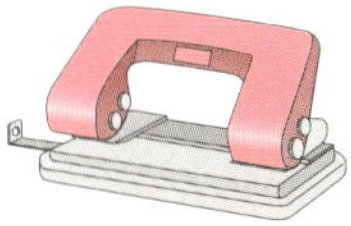

❹

❺

❻
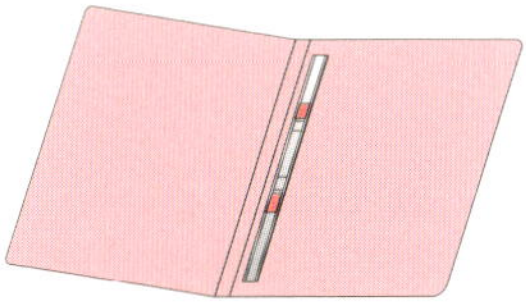

❼
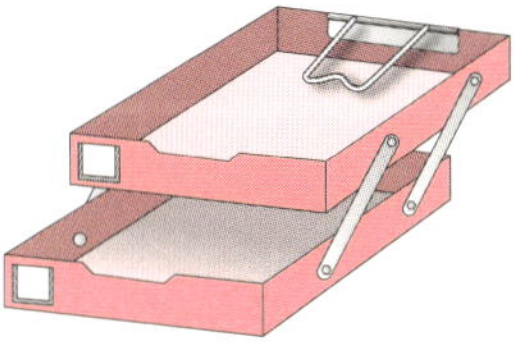

❽
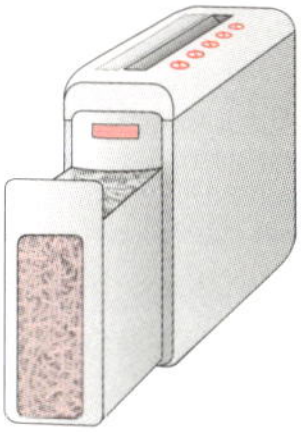

解答・解説

ファイリング用品は、イラストとともに名前と利用法を覚えておく。

❶ クリップ（ゼムクリップ）　紙をとめるときに使う。

❷ ステープラー　針で紙をとじる。商品名はホッチキス（ホチキス）。

❸ パンチ（穴あけ器）　紙にとじ穴をあける。２個のとじ穴が開けられるのを二《に》穴《けつ》パンチという。

❹ ナンバリング　書類に通し番号を打つ。

❺ ファイル（バインダー）　ファイルとは、中にとじ具のついている書類ばさみのこと。なかでもバインダーは、厚手でしっかりしたもの。

❻ フラットファイル　ファイルの中でも、比較的やわらかい素材のもので、背の角ばらないもの。

❼ トレー　机の上で文書を一時的に入れるときに使う。デスクトレー、決済箱ともいう。

❽ シュレッダー　文書を裁断する機器。

出題ランク★★☆

15 オフィス機器と使い方

「オフィス機器の利用法」は頻出度の高い分野です。「コピーをとるときの注意点」「ファックスを送るときの注意点」などが過去に出題されています。

知っておきたいオフィス機器

オフィス機器は、オフィス事務を助けてくれる機器のことです。主なオフィス機器について説明します。

ファックス（ファクシミリ）

- 文書、写真、地図などの資料を通信回線を利用して電送する機器。相手側の受信態勢が整っていればいつでも送信できる。

利用するときの注意点

- 文字が薄いものは、濃いめにコピーしてから送る、またはファックスの文字を「濃い」に設定する。
- 小さい文字や細かい図は、拡大コピーをしてから送る。
- 送信状をつける。
- 急ぎの文書は相手に電話をして、「今から送る」と伝える。
- 送信後は、ちゃんと送られているかどうかをファックス機を見て確かめる。
- 送信したものは手元に残るので、必要なら保存しておく。

プロジェクター

- パソコンの画面などを大型スクリーンに投影する機器。

プリンター

- 印刷機。コンピューターの文書や図、写真などを出力する機器。

コピー機（複写機）

- 文書、図、写真などを複写する機器。
- コピー機とプリンターの機能がついた一体型、またはコピー機、プリンター、ファックスの機能がついた複合型もある。

シュレッダー

- 不要になった資料を細かく裁断する機器。

こんなときどうする?

上司から複数のカラー写真入りの資料のコピーを頼まれたとき、何を確認する？

●コピー後、ステープラーなどでセットするかどうか。
➡ ○ コピーが複数枚になるとき、セットするかどうかを確認する。
●色はどうするか ➡ ○ カラーコピーにするか、白黒コピーでよいかどうかを確認する。
●文字の大きさをそろえたほうがよいか。
➡ × 資料の大きさがバラバラのときは、縮小するなどして用紙の大きさをそろえたほうがよいかを確認する。しかし、文字の大きさをそろえる必要はない。

★★★
よく出る! 確認テスト

check! □□□

次は、秘書Aがファックスで文書を送信するときに行っていることである。適当なものには○、不適当なものには×をつけなさい。

❶１枚目に送信状をつけ、あて先、日付、送信枚数などを書いている。
❷送った相手にだけ見てほしいときは、送信状に「親展」と書いている。
❸細かい文字の文書を送ったときは、念のため判読できたかどうかを相手に電話で確認している。
❹急ぎで見てほしいときには、送ることを電話で知らせている。

解答・解説

❶ ○ 送信内容、あて先、日付、送信枚数を記入した送信状をつける。
❷ × 「親展」は、封筒に書くもので「あて名の本人が開封してください」という意味。送信内容に封をできないファックスに、「親展」と書いても意味がない。他の人に見られては困るような重要書類はファックスでは送らない。
❸ ○ 気配りとして適当である。
❹ ○ 相手は常にファックスに注意を払っているわけではない。急ぎの返事がほしいときなどは、相手にファックスを送ることをあらかじめ知らせておくとよい。

出題ランク★★☆

16 コンピューター用語

秘書業務のなかで、パソコンなどのコンピューターの重要度が高まっています。今後の出題頻度が高まっていくことも予想されます。基本的な操作と用語を押さえておきましょう。

知っておきたいコンピューター用語

□OS	コンピューターを動かす基本のソフトウエア。Windows、Machintoshなどがある。
□クリック	マウスのボタンを押して、すぐに離す操作。
□スクロール	画面上に表示されている内容を上下左右に移動させること。
□ファイル	コンピューター用語では、コンピューターやCD-ROMなどに記録されたデータの集まりのことを指す。
□圧縮	加工や変換などの特定の処理をして、データの容量を小さくすること。
□解凍	圧縮されたデータを元の状態に戻すこと。
□ドラッグ	マウスのボタンを押したまま、画面上のアイコンなどを画面上の別の場所に移動させること。
□コピー&ペースト	文字列などを複製（コピー）して、別の場所に貼り付ける（ペースト）こと。
□文字化け	ひらがなや漢字などが意味不明な記号に置き換わって表示されてしまうこと。
□フリーズ	ソフトウエアの不具合や周辺機器の誤作動などによって、コンピューターの動作が停止し、操作不能になること。
□ウイルス	コンピューターに侵入して、フリーズや破壊、文字化けなどの障害を引き起こすプログラムのこと。
□フォント	コンピューターで印字される書体のこと。
□均等割付	文字を行の中の指定した範囲に均等な間隔で並べること。
□中央揃え	文字のまとまりを行の中央に寄せること。
□網掛け	文字や画像の背面に網目や斜線などの模様を付けること。
□上書き保存	保存された文書の内容を更新して、ファイル名は変えず元のところに置き換えること。
□バックアップ	コンピューターに保存されているデータやプログラムを、破損やウイルス感染などに備えて別のところでも保存しておくこと。
□ダウンロード	ネットワーク上でアクセスできるデータを自分のコンピューターに転送すること。⇔アップロード
□アップロード	自分のコンピューターのデータをネットワーク上に転送すること。⇔ダウンロード

よく出る! 確認テスト

check! □□□

次はコンピューターに関する用語の説明である。適当なものには○を、不適当なものには×をつけなさい。

❶クリックとは、マウスのボタンをずっと押し続ける操作のことである。

❷文字化けとは、文字が意味不明な記号などに置き換わってしまう現象のことをいう。

❸バックアップとは、コンピューターに保存されているデータやプログラムを別のディスクなどに移すことをいう。

❹ダウンロードとは、自分のコンピューターのデータをネットワーク上に転送することをいう。

解答・解説

❶ × クリックとは、マウスのボタンを押してすぐに離す操作。

❷ ○ 特殊記号文字などをメールで送信したときなどに起こる。

❸ × 別のディスクなどに移すことではなく、別のディスクなどへもコピーして複製保存しておくことをいう。つまり、同じデータを複製しておくことで、データの破壊などに備えることができる。

❹ × これはアップロードの説明である。ダウンロードとは、ネットワーク上でアクセスできるデータを自分のコンピューターに転送することをいう。

よく出る! 確認テスト

check! □□□

次のホームページのURLとメールアドレスの番号の部分の名称を正しく答えなさい。

http://www.shinsei-hisho.co.jp

❶ ❷ ❸ ❹

abc_de˜fg@shinnsei.ne.jp

❺ ❻ ❼

解答・解説

ホームページURLやメールアドレスは正しく読めるようにしておこう。電話でURLやメールアドレスなどを伝えるときに役立つ。

❶ : コロン

❷ / スラッシュ

❸ . ドット／ピリオド

❹ - ハイフン

❺ _ アンダーバー

❻ ˜ チルダ

❼ @ アットマーク

出題ランク★★★

17 オフィスのレイアウトと備品

オフィス内の備品は、頻出度の高いものの一つです。しっかり確認しておきましょう。備品ごとの数え方も時々出題されるので要チェックです。

オフィスのレイアウトと備品

上司と秘書が別室の場合の
レイアウト例

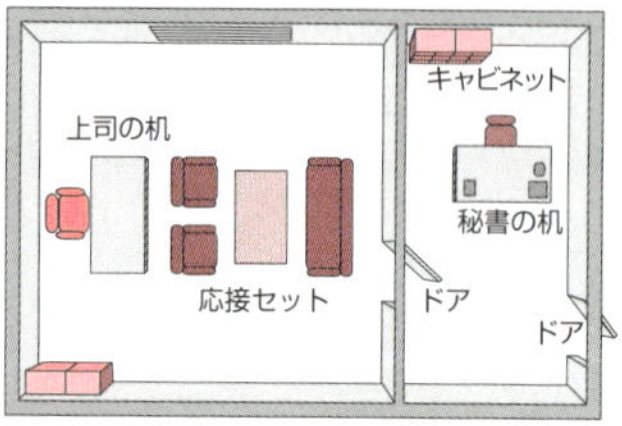

上司と秘書が同室の場合の
レイアウト例

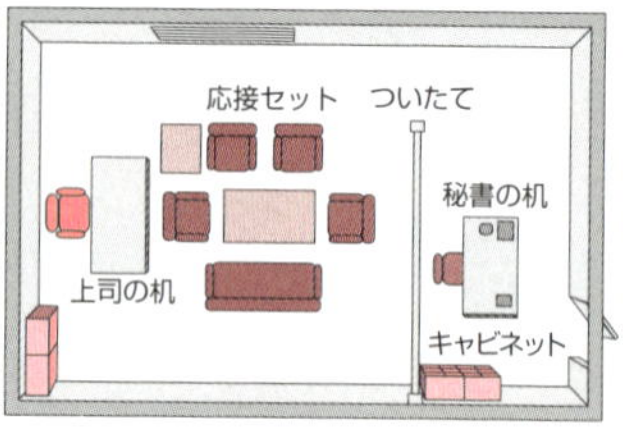

効果的なオフィスレイアウトのポイント

- 上司の机　出入り口から直接見えない位置に置く。
- 秘書の机　人の出入りがすぐわかる位置に置く。キャビネットなど秘書が使う備品や事務用品は秘書の近くに置く。

オフィスレイアウトに関する用語

□マガジンラック	最新の雑誌や新聞などを一時的に入れておく箱や棚。
□パーティション	部屋の中を仕切ったり、目隠しに使う間仕切り。
□キャビネット	バーチカル・ファイリング・キャビネット。フォルダーやファイルを整理して収納するもの。→ P.182
□ロッカー	上着やかばんなどをしまっておく収納家具。
□サイドデスク	机が手狭になったときに使用する補助的な机。
□ブラインド	目隠しや日よけのために、カーテン代わりに窓に取り付けるもの。
□応接セット	来客を迎えて面談などを行うテーブルと椅子のセット。
□ドアチェック	ドアを自動的に静かに閉める器具。
□脚立・踏み台	高いところに手を届かせるために乗る道具。

その他の知っておきたい事務用品の基礎知識

事務用品はP.182～185でも説明しましたが、知っておきたいオフィスの事務用品と関連用語を次に挙げます。

□スタンプパッド	ゴム印(スタンプ)用のインクを吸わせたパッドを詰めたもの。
□チェックライター	手形、小切手、領収書などに印字するためのもの。
□ブックエンド	並べた本が倒れないように支えとして置くもの。

ものの数え方

ものの名前	数え方
□いす	脚《きゃく》
□エレベーター	基《き》・台《だい》
□観葉植物	鉢《はち》
□会議の議題	件《けん》
□手紙、はがき	通《つう》
□新聞	部《ぶ》〈発行数・配達数〉 紙《し》〈新聞の種類〉 ㊞ わが社では２紙購読している。

ものの名前	数え方
□新聞のページ・ページ番号	面《めん》
□パンフレット・セットされた資料	部《ぶ》
□かけた(受けた)電話の数	件《けん》・回《かい》
□電話機	台《だい》
□書棚	本《ほん》・台《だい》

よく出る! 確認テスト

check! □□□

次の事務用品についての記述のうち、適当なものには○、不適当なものには×をつけなさい。

❶小切手に金額を印字するために、ナンバリングを使った。

❷天井の照明が暗くなってきたので、脚立を使って照明器具を取り替えた。

❸回覧文書が回ってきたので、認証欄に朱肉で認め印を押してから次の人に回した。

❹取引先に手紙を書くときに、レターヘッドのある便せんを使った。

解答・解説

❶ × 小切手、手形、領収書などに金額を印字するために使う事務用品は、チェックライターである。

❷ ○ 高いところに手が届くようにするときは、脚立や踏み台を使う。

❸ ○ 回覧文書の認証欄には、認め印を押す。認め印には、スタンプタイプの印鑑（すでにインキが浸透しているタイプ）、大量に出回っている一般の印鑑（朱肉を使うタイプ）を使う。

❹ ○ レターヘッドとは、便せんの上部に印刷した会社名やマークなどのこと。仕事でレターヘッドの付いた便せんを使うのは適当である。

出題ランク ★★★

18 オフィスの環境整備

上司が快適に仕事を進めるための、環境整備の基本知識を押さえておきましょう。上司の机の周りを整理するときは、①上司が退社した後に整理する、②ロッカーや引き出しの中など私的な場所は整理しない、の2点に注意します。

机周りの環境整備

仕事を効率よく進めていくためにも、机の上は必要な備品だけを置き、整理整頓を心がけます。

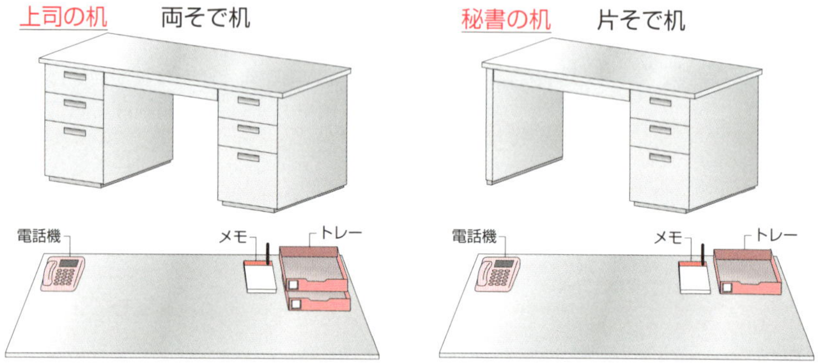

上司の机
両そで机
秘書の机
片そで机
電話機
メモ
トレー
電話機
メモ
トレー

オフィスの環境整備

オフィスの環境は、主に出社時、来客が帰ったとき、退社時にチェックします。インテリアやオフィス用具を長持ちさせるために、適切な掃除の方法を覚えておきましょう。

出社時の環境整備 よく出る!

- 時計が正しい時刻になっていることを確認する。
- 絵画の額や置物が曲がっていないかをチェックする。
- 日付印の日付を毎日点検する。
- 観葉植物に適切に水やりをする。ときどき葉の表面のほこりをふきとる。

退社時の環境整備 よく出る!

- 自分が退社するときや上司が退社した後は、それぞれの机をふく。やりかけの仕事が机の上に出ているときは、いったん引き出しの中にしまうなどして片付ける。資料は元のところに戻しておく。
- ゴミ箱のゴミを捨てる。

掃除のしかた

□じゅうたん	掃除機でほこりやゴミをとる。しみは中性洗剤でふく。
□置物	乾いた布でふくか、羽根ばたきでほこりを払う。
□油絵	筆を使ってほこりを払う。額はからぶきする。
□ブラインド	羽根ばたきでほこりを払う。
□電話機	からぶきする。
□応接セット	ブラシか荒ぼうきで汚れをこする。
□カバー、テーブルクロス	週１回程度、洗濯する。
□革張りのいす	汚れはからぶきする。ベンジンを使ってはいけない。
□ドアの取っ手	周囲の汚れを家具用合成洗剤でふく。
□家具	羽根ばたきやからぶきでほこりを払う。 汚れはワックスぶきや洗剤ぶきにする。

よく出る! 確認テスト

check! □□□

次は、秘書Ａが最近行ったことである。適当なものには○、不適当なものには×をつけなさい。

❶上司の机を点検し、足りなくなった消耗品を補充し、必要なものがすぐに取り出せるように机の中を整理しておいた。

❷上司の出張中、上司のロッカーの中を見ると乱雑だったので整理をした。

❸室内の雰囲気を変えてみようと思い、観葉植物の位置を移動した。

❹上司が会議に出席中、上司の机の上に資料が散らばっていたので整頓した。

解答・解説

❶ × メモ用紙などの消耗品を補充するのはよいが、机の中の使いやすさは上司が判断すること。秘書が勝手に整理するのは不適当。

❷ × 上司の身の回りの整理整頓を心がけなければならないが、上司のロッカーの中は上司個人のものである。乱雑だからといって、無断で整理してはならない。

❸ ○ 他に、壁に飾っている絵を変えるのも、雰囲気を変える方法である。

❹ × 上司は、会議後に机に戻ってやりかけの仕事をするつもりかもしれない。乱雑に見えるが、上司が退社するまでは机の上はそのままにしておいたほうがよい。

よく出る おさらいテスト 解答と解説はP.203〜207にあります。

問題1 check! □□□

次は、上司主催の社内会議準備のために、秘書Aが確認したことである。中から不適当なものを選びなさい。

❶出席予定者は何人か。
❷審議する内容は何か。
❸準備する資料はあるか。
❹開始時刻と終了予定時刻はいつか。
❺議事録が必要かどうか。

問題2 check! □□□

次は、上司主催の社内会議が終わった後に秘書Aが行ったことである。中から不適当なものを選びなさい。

❶テーブルの上をふき、椅子の位置を正した。
❷配布した資料の置き忘れがあったので、置き忘れた本人に直接届けた。
❸ホワイトボードのマーカーのインクが切れていたので、そのことをメモに書いてマーカーに貼っておいた。
❹すぐ後に会議室が使われることになっていたので、エアコンのスイッチは切らずに、次の会議室の使用者に会議が終わったことを知らせた。
❺上司に頼まれた議事録の作成にとりかかった。

問題3 check! □□□

次は、秘書Aが行った上司のスケジュール管理である。中から適当なものを選びなさい。

❶関係部署に配布する予定表に、上司の恩師の謝恩会出席を書き込んだ。
❷上司の予定が重なったとき、礼儀として先に決まった予定を優先した。
❸上司の予定が変更されたときは、上司の予定表を配布した関係部署になるべく早く連絡をしている。
❹変更した予定は、変更前の予定の上に2本線を引いて、その脇に書いている。
❺次の予定が迫っているのに来客との面談が長引いているときは、次の予定を来客にメモで知らせている。

問題 4

次は、社内文書について述べたものである。中から適当なものを選びなさい。

check! □□□

❶頭語は入れるが、時候のあいさつと前文は省く。
❷発信日は年月日と曜日を入れる。
❸文体は、「です・ます」体で書く。
❹発信者名と連絡先は「以上」の後に書く。
❺数人に同じ文書を出すときは、敬体は「様方」にする。

問題 5

次は、頭語と結語の組み合せである。中から不適当なものを選びなさい。

check! □□□

❶謹啓　ー　敬白
❷急啓　ー　草々
❸拝復　ー　謹白
❹冠省　ー　不一
❺前略　ー　草々

問題 6

次のビジネス文書の自称・他称の組み合わせのうち、適当なものを選びなさい。

check! □□□

❶弊社　ー　貴社
❷本会　ー　貴会
❸厚志　ー　ご高見
❹微志　ー　薄志
❺拝顔　ー　ご高覧

問題 7

次は、「稟議書」について述べたものである。中から適当なものを選びなさい。

check! □□□

❶事故などの原因や結果を報告し、今後の対策について述べる文書。
❷特定の関係者に回し、仕事に関する事実や手段を伝える文書。
❸会議などの実施や開催を伝えるための文書。
❹関係者に作成した案を回し、最後に上司に承認を受けるための文書。
❺下層部に対して上層部からの指示や命令を伝える文書。

解答と解説はP.203～207にあります。

問題 8

check! □□□

次は、秘書Ａが「秘」文書を扱う際に注意していることである。中から適当なものを選びなさい。

❶コピーをするときは、予備のコピーをしておく。
❷社外発送するときは、封筒の脇付に「秘」の印をつけて、あて名の本人に開封してもらうようにする。
❸社内配布をするときは、渡す人に「秘文書」であることを話して、文書受渡簿に受領印をもらう。
❹社外発送したときは、受信者に「秘」文書を送ったことを電話連絡する。
❺コピーし損じたときは、誰かに見られないようにすぐにゴミ箱に捨てる。

問題 9

check! □□□

次は、社外の方へ送信する電子メールの文書の取り扱いについて述べたものである。中から不適当なものを選びなさい。

❶タイトルは、本文の内容が一目でわかるようなものにしている。
❷重要な用件を伝える際は、念のため電話で送信したことを知らせている。
❸すぐに相手に届くので、礼状でよく使っている。
❹頭語や時候のあいさつは省いている。
❺あいさつ文はメールで出さないように気をつけている。

問題 10

check! □□□

次は、秘書Ａの上司に届いた出欠はがきの返信についての記述である。中から不適当なものを選びなさい。

❶相手の名前に「宛」が書いてあったら、消して「様」と書く。
❷相手の会社の部署名に「行」が書いてあったら、消して「殿」と書く。
❸相手の名前に「様」が書いてあったら、訂正せずに出す。
❹「ご芳名」と書いてあるところは、「ご芳」を消して、下に自分の氏名を書く。
❺「ご出席」と書いてあるところは、「ご」を消して、下に「いたします」と書く。

問題 11

check! □□□

次は郵便について述べたものである。中から不適当なものを選びなさい。

❶ギフト券を送るときは、一般書留にする。
❷書き損じた官製はがきは、手数料を払えば新しいものと交換できる。
❸定形郵便物には、長さ・幅・厚さ・重さの制限がある。
❹現金書留には、現金以外のものを同封できない。
❺ポストに入れた郵便物でも、郵送を取り消すことができる。

問題 12

check! □□□

次は、郵便配達のオプションサービスとその説明である。中から不適当なものを選びなさい。

---

❶一般書留は、商品券、手形、小切手など価値が明確で重要なものを送るときに適している。
❷簡易書留は、重要文書や原稿などを送るときに適している。
❸配達証明は、その郵便物を配達した事実を証明するものである。
❹内容証明は、配達する文書の内容を謄本により証明するもので、簡易書留扱いで利用できる。
❺配達証明を速達で送る場合、基本料金に、一般書留料金と配達証明料金と速達料金が加算されることになる。

問題 13

check! □□□

次は、秘書Aが会議内容を録音したＣＤ１枚をテープ起こしのライターに送る方法である。中から一番適している送り方を選びなさい。

---

❶定形外郵便
❷簡易書留
❸ゆうパック
❹定形郵便
❺ゆうメール

問題 14

check! □□□

次は、秘書Aが上司に渡す郵便物の取り扱いである。中から不適当なものを選びなさい。

---

❶ DMは、上司が関心がないと思われるものは捨てている。
❷私信をうっかり開封してしまったときは、中身を入れてクリップでとめ、お詫びを言いながら渡している。
❸急ぐものは、郵便物の束の一番上において渡している。
❹開封した郵便物は、内容を確認してからその封筒に戻し、クリップでとめて渡している。
❺開封した郵便物と開封しない郵便物は別々にして渡している。

解答と解説はP.203～207にあります。

問題 15 check! □□□

次は、秘書Ａが文書の取り扱いに関して最近行ったことである。中から不適当なものを選びなさい。

❶上司の出張中、課員が稟議書を持ってきたのでコピーをして返した。
❷上司の出張中、回覧書が回ってきたので、コピーをして次に回した。
❸上司の不在中、上司あてだがほかに担当者がいる郵便物があったので、その担当者に回しておいた。
❹私信か公信かわからないものは、開封しないで上司に渡している。
❺パソコンで文書を作成中、しばらく席を離れるので文書を保存して閉じた。

問題 16 check! □□□

次の名刺の整理のしかたについて、不適当なものを選びなさい。

❶上司の友人から受け取った名刺と仕事のものとは、別々に整理する。
❷１年に１回は名刺を整理する。不要と思われる名刺は、いつか使うかもしれないのでまとめて別に保管しておく。
❸連絡先や肩書きなどの変更がわかったときは、すぐに訂正しておく。
❹名刺を抜き出して使ったときは、ガイドのすぐ後ろに戻す。
❺受け取ったときの日付・用件を記入しておく。

問題 17 check! □□□

次は、カタログや雑誌に関する用語とその説明である。中から不適当なものを選びなさい。

❶リーフレット＝広告用の１枚の印刷物のこと。
❷旬刊誌＝ 10 日ごとに発行される雑誌のこと。
❸落丁＝雑誌や書籍のページが抜け落ちているもの。
❹総合カタログ＝その会社の商品をすべて掲載したカタログのこと。
❺奥付＝雑誌に綴じ込みまれた付録のこと

問題 18 check! □□□

次のうち、新聞・雑誌記事の切り抜きをするときに記入は不要と思われるものを選びなさい。

❶紙名・誌名
❷切り抜いた年月日
❸発行年月日
❹朝刊・夕刊の別
❺全国版・地方版の別

問題 19

check! □□□

次のコンピューター用語と意味の組み合わせのうち、不適当なものを選びなさい。

❶バックアップ　ー　データの複製保存
❷ポイント　ー　文字の太さ
❸フォント　ー　書体
❹ペースト　ー　貼り付け
❺ファイル　ー　データの集まり

問題 20

check! □□□

次の事務用品で、「複数の紙をとじる器具」の正式名称はどれか。適当なものを選びなさい。

❶ホチキス
❷チェックライター
❸ステープラー
❹ナンバリング
❺シュレッダー

問題 21

check! □□□

次は、秘書Aがオフィスで行ったことである。下線部の使い方として不適当なものを選びなさい。

❶定期購読している雑誌の最新号が届いたので、マガジンラックに入れ、前号は取り出しておいた。
❷作業中、自分の机の上が手狭になったので、キャビネットの上にも資料を広げた。
❸書棚の整理をすると空きが出たので、本が空いた場所に倒れないようにブックエンドを置いた。
❹回覧文書が回ってきたので、机の引き出しから自分の名前のはんこにスタンプパッドのインクをつけて印を押した。
❺「ファイルにとじておいてほしい」と上司から数枚の資料を渡されたので、二穴パンチで穴をあけ、フラットファイルにとじた。

解答と解説はP.203～207にあります。

問題 22

check! □□□

次は、秘書Aが「なぜ上司の環境整備が大切なのか」を後輩秘書に教えたことである。中から不適当なものを選びなさい。

❶秘書のセンスを上司に認めてもらうため。
❷上司が効率よく仕事ができるようにするため。
❸部屋の中を快適に保ち、上司が気持ちよく仕事ができるようにするため。
❹来客にも、快適で気持ちのよい印象をもってもらうため。
❺上司の部屋の印象が、会社の印象と思われるため。

問題 23

check! □□□

次は、オフィスの環境整備についての説明である。中から不適当なものを選びなさい。

❶会議室には、人を落ち着かせるベージュなどの中間色を使っている。
❷休日の前には観葉植物に水やりをする。
❸書棚の戸や窓のガラスは、化学ぞうきんでふいている。
❹ドアの開閉音を軽減するために、ドアチェックをつけている。
❺室内の温度は、夏は 25～28 度くらい、冬は 20 度くらいに保つ。

問題 24

check! □□□

次の文のうち、下線部をビジネス文の慣用句に書き換えなさい。

●今後は、二度とこのようなミスがないように ❶細かな注意を払う ❷つもり です。どうか ❸ゆるして くださいますようお願い申し上げます。

●ご案内 ❹と一緒に ご報告まで。

●❺忙しい とは ❻思います が、❼いろいろな都合をつけて ご参加くださいますよう、❽もう一度 お願い申し上げます。

問題25

check! □□□

秘書Aは、上司の取引先のS氏あてにお中元の送り状を書いた。次はそのときの書面であるが、下線部分に適した言葉を下の枠内から選びなさい。

拝啓　___❶___の候、ますますご___❷___のこととお喜び申しあげます。平素は格別のご___❸___を賜り、厚く御礼申し上げます。

つきましては、本日、別便で粗品をお送りいたしました。ご___❹___いただければ幸いでございます。

まずは、___❺___をもってごあいさつ申し上げます。

___❻___

1 発展	2 笑納	3 清祥	4 残暑	5 暑中
6 厚情	7 草々	8 書中	9 敬具	10 盛夏

問題26

check! □□□

秘書Aの上司が恩師の祝賀会に出席して、そこで撮った写真を礼状とともに恩師に送りたいという。Aは、封筒にどのようにあて名書きを書けばよいか。(　)内について具体的に書きなさい。

切手
1100000
東京都世田谷区〇〇三丁目一の一
岩崎　太一（❶）
（❷）

解答と解説はP.203〜207にあります。

問題 27 check! □□□

次は、ビジネス文書で使われる慣用表現である。下線部のカタカナを漢字で書きなさい。

❶ハイジュ
❷ごホウネン
❸ごインケン
❹ごライリン
❺リャクギ

問題 28 check! □□□

次のものの数え方を答えなさい。

❶エレベーター
❷いす
❸受けた電話
❹手紙
❺議題

問題 29 check! □□□

次は、製品Aの５年間の売上高を示したものである。表をもとにして、グラフを作成せよ。(定規を使わないで書いてもよい)

(単位：万円)

年度	16年	17年	18年	19年	20年
製品A	300	100	400	600	800

問題 30

check! □□□

秘書A（佐藤）の上司（井上専務）が外出中に、取引先M社の営業部長の松本氏から電話があった。「来週の商談の件で確かめたいことがある。戻られたら電話をもらえないか」とのことだった。電話を受けた日時は、10月12日午後３時20分であった。この場合の伝言を下の連絡メモに書きなさい。

連絡メモ

様

月　日　午前・午後　時　分

の

様から

□電話がありました
□来訪されました
□伝言がありました

……… 用件 ………

1　電話をください（☎　　　　　）
2　また電話します（　月　日　時頃）
3　電話があったことを伝えてください
4　その他

メッセージ

受付者

解答と解説はP.203〜207にあります。

問題 31

check! □□□

次は、秘書A（佐々木恵子）が上司（岡田和夫営業部長）の指示で作成した、部内の社員あての定例会議開催についての社内通知文書である。（　）内について、具体的に書きなさい。

営発第56号
令和○年５月９日

営業部員（　❶　）

（　❷　）

定例会議開催について（（　❸　））

標記について、下記のとおり行いますので、出席してください。

（　❹　）

1．日時　５月25日（水）14:00〜15:30
2．場所　第３会議室
3．資料　当日配布

（　❺　）

担当　佐々木
（内線 321）

おさらいテスト 解答と解説

問題1 ❷

❷ 審議内容は準備に関係のないものである。口を出してはいけない。

問題2 ❸

ホワイトボードのマーカーのインクが切れていたら、次に使う人が困らないように自ら交換する。

問題3 ❹

❶ 配布する予定表には、上司のプライベートの予定は書き込まない。恩師の謝恩会はプライベートの予定である。

❷ 先に決まった予定を優先するべきということはない。重要度などを考慮して、上司が決定するものである。

❸ 予定表を配布した先ではなく、変更される前の予定の関係者にだけ連絡をすればよい。

❺ 予定をメモで知らせるのは、来客ではなく上司である。

問題4 ❸

❶ 社内文書では、簡潔にするために頭語と時候のあいさつと前文はすべて省く。

❷ 曜日まで入れる必要はない。

❹「以上」の後に書くのは、「担当者名と連絡先」であって、発信者ではない。

❺ 数人に同じ文書を出すときは、敬体は「各位」である。

問題5 ❸

❸「拝復」に対応する結語は「敬具」となる。

問題6 ❶

❷ 団体の自称は、本会ではなく「当会」。

❸ ご厚志、ご高見はいずれも他称。

❹ 微志、薄志はいずれも自称。

❺ 拝顔は「会う」の自称で、ご高覧は「見る」の他称である。

問題7 ❹

それぞれ、❶始末書、❷回覧文書または連絡文、❸通知書、❺通達文である。

問題8 ❹

❶ 秘文書のコピーは必要最小限にとどめるべきで、予備のコピーをしてはならない。

❷ 脇付は「親展」とする。

❸ 秘文書を扱っていることを知られないようにするのだから、「秘文書」と話すことはつつしむ。

❺ ゴミ箱に捨てるだけでは、誰かに拾ってみられるおそれもある。コピーし損じた秘文書は、シュレッダーにかけて裁断しておく。

問題9 ❸

❸ メールはくだけた印象が強いので、社内文書向きである。礼状などはメールで出すのを避けること。

問題10 ❷

❷ 会社や部署あてに発信するときは、「御中」と書く。

問題11 ❹

❹ 現金書留には、手紙や祝儀袋、不祝儀袋を同封できる。

問題12 ❹

❸ 配達証明は、一般書留で送る場合に利用できるサービスで、その郵便物を配達した事実を証明することができる。

❹ 内容証明は、一般書留で送る場合に利用できるサービスで、配達する文書の内容を証明できる。簡易書留では利用できない。

❺ 配達証明も内容証明も、さらに速達などのオプションをつけることができる。その場合、料金は「基本料金＋一般書留料金＋配達証明または内容証明の料金＋速達料金」となる。

問題13 ❺

❺ ゆうメールは、3kg以下の雑誌などの印刷物、DVD、CDなどの記録媒体を送るときに利用する。この場合、❷❸❹でも送付は可能だが、一般的に安価なゆうメールで送るのがよい。

問題14 ❹

❹ 開封した郵便物は内容を確認した後、中身は戻さずに封筒と一緒にクリップでとめて上司に渡す。

問題15 ❶

❶ 稟議書は、上司の決裁が必要なので課員が持ってきたのである。上司が戻るまで預かっておくのが適当。

問題16 ❷

❷ 不要になった名刺はシュレッダーにかけるなどして廃棄する。

問題17 ❺

❺ 奥付とは、雑誌や書籍の巻末にある、著者・発行者・刊行年月日などを記した部分のこと。

問題18 ❷

❷ 切り抜いた日付は書く必要がない。

問題19 ❷

❷ ポイントとは、コンピューター上に表示される文字の大きさのことである。

問題20 ❸

❶ ホチキス（ホッチキス）はステープラーの商品名であり、正式名称ではない。
❷ チェックライターとは、小切手などに金額を刻字するときに使う器具である。

問題21 ❷

❷ キャビネットはバーチカル・ファイリング・キャビネットのことで、ファイルやフォルダーを整理する引き出し式の収納用具。机が手狭になったときに使用する補助机はサイドデスク。

問題22 ❶

❶ 環境整備をするのは秘書のセンスを上司に認めてもらうためではない。

問題23 ❸

❸ 透明なガラスを化学ぞうきんでふくと、化学ぞうきんに含まれた成分などがガラスについてしまう。透明なガラスは、ガラスクリーナーや乾いた布でふく。

問題24

❶ 細心の
❷ 所存
❸ ご容赦
❹ かたがた
❺ ご多忙・お忙しい
❻ 存じます
❼ 万障お繰り合わせの上
❽ 重ねて

問題25

❶ 10　お中元の季節なので、７月の盛夏の頃だとわかる。「残暑の候」を使うのは、立秋（8月8日ごろ）以降。

❷ 3　個人への前文には「健勝」「清祥」を使う。会社あてには「発展」「隆盛」を使う。

❸ 6　「平素は～御礼申し上げます」は感謝の意を表す決まり文句。

❹ 2　「笑納」とは「(つまらないものですが、どうぞ）受け取ってください」の意味。

❺ 8　「書中をもって」＝「手紙で、書面で」

❻ 9　頭語の「拝啓」に対応する言葉で選択肢にあるのは「敬具」である。

問題26

❶ 先生

❷ 写真在中

問題27

❶ 拝受

❷ 放念

❸ 引見

❹ 来臨

❺ 略儀

問題28

❶ 基・台

❷ 脚

❸ 件・回

❹ 通

❺ 件

問題29

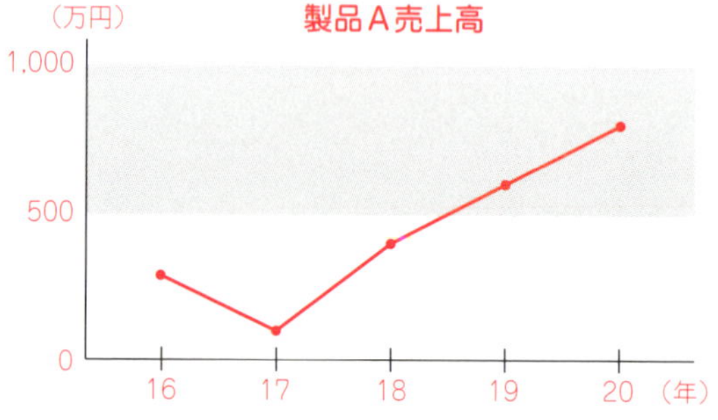

連続した変化や推移を表すときには折れ線グラフを使う。

問題30

連絡メモ

井上専務　様

10月12日　午前・(午後) 3時20分

M社 の

松本営業部長 様から

☑電話がありました
□来訪されました
□伝言がありました

………… 用件 …………

1　(電話をください)（☎　　　　　　）
2　また電話します（　月　日　時頃）
3　電話があったことを伝えてください
4　その他

メッセージ　来週の商談の件で、確認したいことがある、とのことでした。

受付者　佐藤

問題31

❶ 各位
❷ 営業部長
❸ 通知
❹ 記
❺ 以上

❷ 社内文書では、発信者は役職名だけでよい。氏名は書かない。
❸ 文書の種類（報告、通知、指示など）をカッコ書きで表すことがある。

■監修者紹介

山田　敏世（やまだ・としよ）

産業能率短期大学、専修大学卒業。総合商社の常務付秘書、専門学校の秘書科講師を経て、平成３年にクロスポイントを設立。短大・大学・企業にて研修、秘書検定講座、ビジネス講座などの講師を務める。秘書検定準１級面接試験委員、ビジネス実務マナー検定１級面接試験委員、サービス接遇検定運営委員。現在、実務技能検定協会評議員、秘書・サービス教育学会監事。クロスポイント代表。

●お問い合わせ●

本書の内容に関するお問い合わせは、書名・発行年月日を明記の上、下記の宛先まで書面かFAX、または、弊社ホームページ内お問い合わせフォームよりお願いいたします。電話によるお問い合わせはお受けしておりません。なお、本書の範囲を超えるご質問等にはお答えできませんので、あらかじめご了承ください。

〒110-0016　東京都台東区台東２－24－10
(株)新星出版社　読者質問係
FAX 03-3831-0758
https://www.shin-sei.co.jp

秘書検定３級　よく出る問題！集中レッスン

2023年３月15日　発　行

監修者　山田敏世
発行者　富永靖弘
印刷所　誠宏印刷株式会社

発行所　東京都台東区台東２丁目24　株式会社　新星出版社
〒110-0016　☎03(3831)0743

ISBN978-4-405-03209-5